Gangolf von Kieseritzky

Nike in der Vasenmalerei

Gangolf von Kieseritzky

Nike in der Vasenmalerei

ISBN/EAN: 9783743380868

Hergestellt in Europa, USA, Kanada, Australien, Japan

Cover: Foto ©Andreas Hilbeck / pixelio.de

Manufactured and distributed by brebook publishing software (www.brebook.com)

Gangolf von Kieseritzky

Nike in der Vasenmalerei

NIKE
in der
Vasenmalerei.
I.

Eine mit Genehmigung
Einer Hochverordneten Historisch-Philologischen Facultät der Kaiserlichen Universität

zu Dorpat

behufs Erlangung des Grades eines

Magisters der altklassischen Philologie

zur öffentlichen Vertheidigung bestimmte

Abhandlung

von

Gangolf Kieseritzky.

Dorpat.
Druck von Schnakenburg's litho- und typographischer Anstalt.

1876.

Meinem Lehrer

Heinrich Brunn

in

München.

Vorliegende Abhandlung ist ein Sonderabdruck des ersten Abschnittes meiner demnächst erscheinenden Schrift über „Nike in der Vasenmalerei." Leider konnte mir die Behandlung der bei der Sponde assistirenden Nike vom Hrn. Geheimrath Akademiker L. Stephani im Compte-Rendu pour l'année 1873 wegen des keinen Aufschub duldenden Druckes meiner Arbeit nicht mehr zu Gute kommen. Die kürzlich erschienene Schrift von Hrn. Knapp ist mir erst aus den Nachträgen zum angeführten CR bekannt geworden, sie konnte demnach nicht benutzt werden; ein genaueres Eingehen auf das Unterscheidende unserer Arbeiten muss ich mir auf das Vorwort zu meiner vollständigen Schrift versparen.

Was die Literaturangabe zu den einzelnen Vasen betrifft, so musste ich, um das Buch nicht unnöthig anschwellen zu lassen, mich mit Anführung der Nummer im betreffenden Kataloge nebst der etwaigen neuesten oder verbreitetsten Publication begnügen. Die Kataloge zu den Vasen Lucian Buonaparte's, Fürsten von Canino, habe ich, weil sie sich nach ihren Titeln kaum auseinanderhalten lassen, nach den Jahren ihres Erscheinens bezeichnet, z. B. Canino 1848 = Barthélemy, notice d'une coll. d. vas. u. s. w., auch das Muséum étrusque ist Canino 1829 bezeichnet worden. Ein Sternchen vor einem Vasencitat bedeutet, dass ich über den Stil der Vase nichts habe erfahren können. Falls ich zu einer Vase den Fundort nicht angegeben fand, liess ich an dessen Stelle den Namen des vorigen oder, wenn möglich, des ersten Besitzers treten.

Einleitendes.

In der über die Vasenmalerei in der ersten Hälfte unseres Jahrhunderts erschienenen Literatur ist eine besondere Untersuchung der Nike nicht gewidmet worden; erschien doch ihr Darstellungskreis damals viel zu klein dazu, er umfasste hauptsächlich nur die Nike mit Kranz oder Binde; wo sie Kanne oder Schale trug oder sonst wie Attribute, deren Beziehung auf Sieg nicht in die Augen sprang, galt sie meist für eine Mysteriengöttin, Hosia, Telete, Eirene oder eine mystis, auch genius liebte man sie zu nennen, oder man sah auch, verleitet durch ihre Flügel, allerlei Personificationen in ihr, wie Voluptas, Justitia, Dike, Themis; begreiflicher findet man den Namen Hebe für die einschenkende, Muse für die Kitharbringende, Iris für die das Kerykeion tragende. Daher kommt man nur im Zusammenhange mit andern geflügelten Gottheiten auch auf sie zu sprechen, so Zoëga, „über die geflügelten Gottheiten," herausgegeben von Welcker in seinem Rhein. Mus. VI (1839), welcher gegenüber der Behauptung von Winckelmann in den Mon. Ined. I, cap. 1, den Göttern seien in den ältesten Zeiten allgemein Flügel gegeben worden, dies durch die schriftliche Ueberlieferung einzuschränken versucht; er findet, dass Nike zu den Göttern gehört, bei denen die Flügel charakteristisch seien. E. Braun in seinen „Grundzügen der Denkmälerkunde" in Gerhard's Hyperb.-röm. Stud. II, S. 30 geht sogar so weit, dass er unter den weiblichen Wesen die Flügel ganz auf die Nike beschränkt, doch scheint aus seinem folgenden Vorschlag, alle weiblichen Flügelwesen einstweilen unter dem Gattungsbegriff der Niken zusammenzufassen, da der Typus derselben allen gemeinsam zu Grunde liege und die Unterscheidung meist nur in Folge der genaueren Untersuchung des Zusammenhanges, in dem sie auftreten, möglich sei, geschlossen werden zu müssen, dass der obige Satz nur für eine gewisse ältere Periode der Kunstentwicklung Geltung haben soll. — Hatte man bisher in den Flügeln ein charakteristisches Merkmal der Nike gesehen, so wurde J. de Witte in seinen Vasenkatalogen durch ganz analoge Darstellungen ungeflügelter Frauen darauf gebracht, eine Nike Apteros anzunehmen, wofür auch die literarische Ueberlieferung zu sprechen schien; es ist R. Kekulé's Verdienst, in seiner Schrift über „die Balustrade des Tempels der Athena-Nike," L. 1869 nach gewiesen zu haben, dass in der alten Literatur unter dieser immer die Athena verstanden werde; für die Kunst aber sucht er S. 15 durch die Analogie der Eroten wahrscheinlich zu machen, eine ungeflügelte Nike könne nur der Nachlässigkeit oder Caprice des Künstlers ihren Ursprung zu verdanken haben, wäre also mytholo gisch ebenso gleichgültig, als es eine geflügelte Hebe sein würde

E. Gerhard's Schrift „über die Flügelgestalten der alten Kunst," in den Abh. d. Berl. Acad. 1839, S. 193 ff. = Ges. Abh. S. 157 ff. verfolgt den Zweck, das Princip der Beflügelung bei den verschiedenen Flügelgestalten festzustellen; die Darstellung ethische Gedanken und Zustände in einer allegorischen Flügelgestalt sei den Alten fremd gewesen: der Nike hätte der Flug des Wettkampfe die Flügel gegeben. Hierin liegt der Keim der heute herrschenden Ansicht über den Ursprung der Göttin.

In der zweiten Hälfte unseres Jahrhunderts hat endlich Nike einen Bearbeiter gefunden: G. Rathgeber, in der voluminöse Schrift „Nike in hellenischen Vasenbildern" Gotha 1854 f; er zieh auch das Material der übrigen Monumentenklassen hinzu; dennoch ist alle Gelehrsamkeit und darauf verwendete Arbeit nicht im Stand gewesen die Richtigkeit seiner Voraussetzung zu erweisen, das nämlich alle Darstellungen, auf denen Nike erscheint, auf die My sterien zurückgehen. O. Jahn in seiner Einleitung zum Münchene Vasenkatalog, München 1854, S. 202 f. danken wir die Fortschaffun der Mysterienweisheit aus dem Kreise der Nike; in seiner summa rischen Besprechung der Nike des strengen und freien Vasenstil finden wir fast alle Modificationen des Nikebegriffes, die wir heut anerkennen müssen, schon berührt; bei der Nike des malerische Stils, in der man besonders die Mysteriengöttin gesehen hatte stellt er S. 230 f. zuerst die Behauptung auf, dass ihr, auch w sie im bacchischen Kreise auftrete, unverkennbar die griechisch Nike zu Grunde liege, nur verallgemeinert und so umgebildet, das man mit den griechischen Vorstellungen, wie wir sie im strenge und freien Stil kennen gelernt hätten, nicht ausreiche. — In de

en Zeit ist besonders die Frage über den Ursprung der Nike
i Vordergrund getreten; darüber spricht unter anderem zuerst
rlicher in seiner angeführten Schrift über die Balustrade des
a-Nike-Tempels Kekulé: für ihren Ursprung glaubt er aus
)äter zu behandelnden Stelle des Scholiasten zu Aristophanes
imen zu dürfen, dass ihre Erfindung einer historisch bestimmten
ugeschrieben wurde, Nike demgemäss eine Personification sei,
len um die Thatsache des Sieges bildlich und verständlich
lrücken; der religiösen Auffassung sei Nike als eigene Gottheit
inglich fremd, da der eigenste Gott eines Stammes, Landes
w. jedesmal auch der Bürge des Sieges sei, daher komme es,
ie, nachdem ihre Personification anerkannt und der künstlerische
hgebrauch allgemein gültig geworden wäre, als Dienerin und
fin sämmtlicher Götter, besonders aber des Zeus und der
e, der Haupt-Siegesgottheiten, erscheine. Im Fortgang der
hätte sie in demselben Sinne wie Eirene als selbständige
eit verehrt werden können, doch ihre allgemeinste und häufigste
:sung, vor allem in der bildenden Kunst, sei und bleibe, dass
s Dienerin und Gehülfin der Götter erscheine und zum sym-
hen Ausdruck des erlangten Sieges verwendet werde. In
Flügeln sieht er das schnelle wunderbare Nahen des Sieges
dlicht.
Alles dies bisher über die Nike der Kunst Geäusserte darf
is nur den Werth einer Meinung haben, da es nicht auf dem
nur für eine Monumentenklasse vollständig gesammelten
iale beruht. — Die erste Arbeit auf Grund einer vollständigen
ilung des von den Münzen dargebotenen Materials ist die von
)of-Blumer, »über die Flügelgestalten der Athena und Nike
[ünzen«, in Huber's Numismatischer Zeitschrift, Bd. III. (1871)
-50, welcher veranlasst durch eine Münze mit einer geflügelten
ie sämmtliche Flügelgestalten auf Münzen gesammelt und unter
i der Nike eine ausführliche Untersuchung gewidmet hat. Er
it zum Resultat, dass Nike nie kämpfende Kriegsgöttin ist,
rn alle derartigen Münzdarstellungen auf Athene gedeutet
:n müssen; ferner, dass die ältesten Münzen mit Nikedarstel-
n sich auf die Wettkämpfe zu Olympia beziehen, Nike dem-
ihren Ursprung der Agonistik, dem Siege im friedlichen
)fe, verdanke; nun erscheint sie vor Alexander dem Grossen
uf den Münzen der westlichen hellenischen Kolonien, in Grie-
and selbst aber nur auf denen von Elis, welche Münzen zugleich
seien als die sicilischen, anscheinend sei die bildliche Gestal-

tung der Göttin also von diesem durch seine periodischen W(
kämpfe berühmten Orte ausgegangen. Die Frage, ob die Göt
von Anfang an beflügelt dargestellt worden sei, muss er »trotz
jahender Wahrscheinlichkeit« ungelöst dahingestellt sein lassen;
Fittige sieht er als charakteristisches Merkmal des Sieges an. Di
Resultate werden wir später ausführlicher zu betrachten haben.
Von meinem hochverehrten Lehrer Heinrich Brunn aufge:
dert, die Nike in der Vasenmalerei zu untersuchen, habe ich
Folgenden gewagt, dies Thema zu behandeln. Auf welche Pun
sich die Untersuchung besonders zu richten hatte, ergab die l
herige Literatur: es war zuerst der Typus der Göttin festzustell
geflügelt oder ohne Flügel? dann der Umfang ihres Darstellun
kreises, darin auch die Nike des malerischen Stils; ihre räumli
Ausbreitung; die älteste Nike oder ihr Ursprung, woraus sich
geben musste, ob sie eine erfundene oder eine mythische Ges
sei; schliesslich das Princip, das bei ihrer Beflügelung massgeb(
erschien. Wenn ich ausserdem die Entwickelung der künstlerisc:
Motive der Nike durch alle Stilarten hindurch verfolgt habe,
dürfte ich damit einer Forderung nachgekommen sein, die an e
derartige kunstarchäologische Arbeit gestellt werden muss.

I.

Νίκη bedeutet „Sieg"; wenn dieser personificirt werden sollte, onnte es dem Geschlechte des Wortes gemäss nur unter dem Bilde ines weiblichen Wesens geschehen. Die auf den Vasenbildern am äufigsten vorkommende Form zur Darstellung eines Sieges ist die Jeberreichung eines Kranzes oder einer Binde an einen Mann, der ι ernstem oder friedlichem Kampfe begriffen ist oder von diesem erkommt; unter den Personen, welche diese Siegeszeichen übereichen, werden wir die Siegesgöttin, der nach dem Brauche der riechischen Kunst vor allen andern diese Handlung zukommen ürfte, zu suchen haben, als Analogon führe ich den ganz ähnlich rscheinenden Eros an, vgl. Furtwängler, Eros in der Vasenmalerei, . 12 ff.; in Frage kommen hier nach dem obigen nur die weiblichen iestalten. Diese sehen wir nun sowohl mit Flügeln versehen als uch ohne dieselben, eine Verschiedenheit in der äusseren Erscheiung, die zu gross ist, als dass die Künstler damit nicht auch eine erschiedenheit der Bedeutung hätten angeben wollen; können wir aher Nike als einer von diesen beiden Gruppen angehörig nacheisen, so dürften uns nur die zwingendsten Gründe veranlassen, ie auch in der andern zu finden. Die Plastik lässt sich zur Entcheidung dieser Frage nicht herbeiziehen, da hier das Material u dieser Frage noch nicht gesammelt und verarbeitet worden ist; ir müssen uns auf die literarische Ueberlieferung, die Münzen und chliesslich auf die Vasen selbst stützen.

In der Literatur begegnet uns Nike nicht häufig, dabei verält sich der grösste Theil der Stellen unserer Frage gegenüber eutral und gerade die ältesten Zeugnisse, Hesiod. theog. 383 ff. nd Bakis bei Herod. 8, 77 (von Krüger athetirt. Der hymn. lomer. VIII, 4 kommt nicht in Betracht, da er nach der neuesten

Untersuchung von Ludwich aus der Zeit nach Nonnos stammt.) zeigen sie uns noch nicht in greifbarer Gestalt. Die in Frage kommenden Stellen legen ihr immer Flügel bei, nirgend ist direct gesagt, sie sei flügellos: bei Pind. Pyth 9, 125 πολλὰ δὲ πρόσθεν πτερὰ δέξατο Νίκας; kann man schwanken, ob man die πτερά nicht lieber so auffasst wie Ol. 14, 35 ἀέθλων πτερά; unzweifelhaft aber ist Aristoph. av. 574, wo unter andern geflügelten Gottheiten auch Nike angeführt wird, αὐτίκα Νίκη πέτεται πτερύγοιν χρυσαῖν; ferner erscheint sie als geflügelt in den später Zeit angehörigen Stellen der Anth. Pal. IX, 59 (Dübner) und des Himerius, or. 19, 3. Wir müssten also an der bisherigen Ansicht festhalten, wonach sich aus der Literatur kein Einwand gegen die constante Beflügelung der Nike ergäbe, wenn wir nicht noch eine Stelle hätten, in die man bis jetzt allerdings nur hinein erklärt hat, da sie nur so zur vorgefassten Ansicht des Interpreten stimmte; es ist der Scholiast zur oben angeführten Stelle des Aristophanes: νεωτερικὸν τὸ τὴν Νίκην καὶ τὸν Ἔρωτα ἐπτερῶσθαι. Ἄρχεννον γάρ φασι, τὸν Βουπάλου καὶ Ἀθήνιδος πατέρα, οἱ δὲ Ἀγλαοφῶντα, τὸν Θάσιον ζωγράφον, πτηνὴν ἐργάσασθαι τὴν Νίκην, ὡς οἱ περὶ Καρύστιον τὸν Περγαμηνόν φασιν. Kekulé S. 3 f. erklärt folgendermassen: „es wird daraus nicht, wie es nach den Worten selbst den Anschein hat, zu folgern sein, dass vorher Nike unbeflügelt gewesen sei, sondern dass die der spätern Kunst geläufige Gestalt der Nike auf bestimmte Künstler zurückgeführt, ihre Erfindung einer historisch bestimmten und nicht einer undenkbar frühen Zeit zugeschrieben wurde." Imhoof geht auf die Frage, auf die es hier ankommt, nicht ein. Mir scheint aus den Worten ganz unwiderleglich die frühere Flügellosigkeit der Nike gefolgert werden zu müssen, denn wenn der Scholiast hätte sagen wollen, Archermos oder Aglaophon hätten die erste Nike gebildet, sie durch ihre Erfindung erst geschaffen, man also gar nicht auf den Gedanken einer ungeflügelten hätte kommen können, so begreift man doch wirklich nicht, wesshalb er dann ἐπτερῶσθαι und πτηνὴν ἐργάσασθαι sagt, es sogar zweimal sagt; wir werden doch dem Scholiasten zu Aristophanes nicht zutrauen, dass er das, was er sagen will, nicht auch auszudrücken verstehe. Wir müssen also nach der literarischen Ueberlieferung das frühere Unbeflügeltsein der Nike annehmen. Wie verhält es sich mit der Ueberlieferung der Münzen? Von welcher Bedeutung hier die Flügel für die Charakteristik der Nike waren, sehen wir aus den Münzen I—IV bei Imhoof, wo sie auch der Athene gegeben worden sind, offenbar um diese, wie Imhoof S. 39 ff. überzeugend nachweist, als Athena — Nike zu bezeichnen; doch sind dies späte Münzen, aus einer Zeit, wo auch Nike ausnahmslos geflügelt erscheint; wir müssen auf die ältesten Münzen zurückgehen, sollen wir anders Aussicht auf Erfolg haben: hier sehen wir nun gerade auf Stücken aus der ältesten Zeit, in der Nike Münz-Darstellung wurde, sie zweimal ungeflügelt erscheinen, Imhoof n. 4 und 31 [n. 30 fällt als terinäisch unter einen andern Gesichtspunkt]; wir werden um so weniger wagen, dies als Zufall anzusehen, da wir oben in der Literatur das Gleiche gefunden haben. — Wir gehen auf die Vasen über: selbstverständlich dürfen wir nur die Darstellungen mit inschriftlich bezeichneten Niken zu Grunde legen. Diese finden wir nun ausschliesslich auf den rothfigurigen Vasen und zwar sehen wir im strengen und freien Stil derselben immer nur einer Flügelfrau diesen Namen beigeschrieben; ebenso ist es im malerischen Stil, wo wir jedoch auch einmal auf einer unteritalischen Vase eine flügellose weibliche Gestalt so bezeichnet antreffen; von dieser Ausnahme einen Rückschluss auf die beiden vorhergehenden Stilarten zu machen, ist nicht erlaubt, da wir es hier erstlich mit provinzialer Kunst zu thun haben, und dann dieser Stil überhaupt mancherlei Freiheiten sich gestattet: für diesen dürfen wir Kekulé's Analogie ungeflügelter Eroten und die Nachlässigkeit oder Caprice des Künstlers gelten lassen. — Für die Vasen müssen wir also auf constante Beflügelung schliessen, lassen aber im Hinblick auf Literatur und Münzen dies nur vorläufig gelten, da wir erst den Darstellungskreis der geflügelten Nike und ihre künstlerischen Motive kennen zu lernen haben, ehe wir uns an das Suchen nach einer etwaigen ungeflügelten Siegesgöttin machen dürfen; darüber weiteres am Ende dieses Abschnittes.

Ist nun vorläufig der Kreis, in dem wir Nike suchen, auf die Flügelfrauen beschränkt, so muss sie jetzt aus diesen herausgeschält werden, da wir noch ausserdem Iris, Eos, Eris, Erinys und andere finden, von welchen nur erst die Personificationen psychischer Affecte in G. Koerte's Schrift, über die Personificationen psychologischer Affecte in der spätern Vasenmalerei, Berl. 1874, eine Bearbeitung erhalten haben, für uns also nicht mehr in Frage kamen. Da nur die Behandlung der Nike Zweck dieser Schrift ist, kann ich mich auf eine ausführliche Darlegung der Grundsätze, nach welchen die übrigen geflügelten Frauen bestimmt und ausgeschieden wurden, nicht einlassen, besonders da es mutatis mutandis dieselben sind, welche zur Bestimmung der Nike nöthig waren, diese aber im Verfolg der Abhandlung sich ergeben werden; nur so viel will ich bemerken, dass alles das ausgeschieden worden ist, was unzweifelhaft nicht Nike, sondern Iris u. s. w. ist, dass dagegen diejenigen Flügelfrauen, die sich nicht mit Sicherheit bestimmen liessen, dennoch in die vorliegende Schrift gezogen wurden, um das für die Siegesgöttin in Frage kommende Material dem Leser vollständig darzulegen. Den Anfang mache ich mit den rothfigurigen Vasen des strengen Stils, einestheils weil wir hier die ältesten inschriftlich bezeichneten Niken haben, anderntheils weil alles, was wir an geflügelten Siegesgöttinnen auf den schwarzfigurigen finden, archaistisch ist, also erst später seine Behandlung erwartet; den Stoff gruppire ich nach den Arten der Darstellung: Ueberbringung der Siegeszeichen, des Opfergeräths u. s. w.; innerhalb dieser Gruppen nach den verschiedenen Ausdrucksformen der Nike: schwebend mit beiden Händen die Kithar tragend, stehend aus der Kanne in der Rechten einschenkend u. s. w.; der Kürze wegen bezeichne ich diese letzteren in der Arbeit mit dem Namen „Motiv". Voran werden immer die inschriftlich bezeichneten Niken gestellt, an diese schliessen sich die analogen unbezeichneten; die Einzeldarstellungen der Nike füge ich den mehrfigurigen Bildern derselben bei, zu welchen sie ihren Attributen nach gehören. Was die genauere Bestimmung des Stils betrifft, so kann ich bei der Schwierigkeit, die die Kataloge und älteren Publicationen in dieser Beziehung bieten, es nicht wagen, wie ich wohl wünschte, einzelne Perioden innerhalb des strengen Stils zu bezeichnen, ich muss mich darauf beschränken, eine derartige Angabe nur dann hinzuzufügen, wenn mir die Vase aus den Anfängen des strengen Stils herzustammen scheint. — Ich beginne mit der einfachsten und verständlichsten Darstellung der Nike, wo der Begriff der Siegesgöttin am reinsten hervortritt.

A. Nike die Siegeszeichen bringend. Siegeszeichen sind Binde und Kranz; nur in diesem Stil begegnet sie uns, statt dieser dem Sieger eine Amphora reichend, a und h, offenbar als Siegespreis: waren doch in den ältesten Zeiten bei allen Agonen Werthpreise üblich, die sich z. B. bei den Panathenaeen noch später erhielten, während bei den grossen Nationalfesten der Griechen Ehrenpreise an deren Stelle traten. Nike finden wir inschriftlich bezeichnet auf a f p. Für diesen Stil bemerke ich, dass Nike entweder Kranz oder Binde reicht, nie beides zugleich wie später.

1. Nike stehend die Siegeszeichen reichend
a) Stackelberg, Graeb. d. Hell. 25, 5 und 6 (Hegiasschale aus Athen) einem bärtigen Athleten mit strigilis in der L., die R. ausstreckend. — b) Mon. d. I. I, 5, 4 (Nola) — Stephani CR 1872 p. 202, 1, einem Jüngling mit Schrift-

rolle. — c) Tischbein, I, 53 (beide Sicil.) einem Apobaten; (Nola) Kranz 1853, Annali Das- los ver- oű fort- ıd nach der RS L. einen Gerhard, n. Hera- zur Er- n: Níxa νίνει τέλος 26 (beide le sitzen welcher auf c das a) einem hora. — kann, der ldes wird W. 117,1 . Hinter nach der eine jetzt Millingen, der den er letzten nm. 1277 u griechi- fehlt auf) Dubois- noch ein fliegt. —

o) *Bonn 720 dem Heracles.
3. **schwebend**, Kranz oder Binde für den Sieger in den Händen,

nicht Nike, sondern Iris u.
Flügelfrauen
in die vorli
göttin in Fr
  Den A
Stils, einest
Niken habe
göttinnen a
später sein(
Arten der I
geräths u.
Ausdrucksfo
Kithar trag(
u. s. w.; d(
Arbeit mit d(
bezeichneten
unbezeichnet
figurigen Bil
nach gehöre.
kann ich bei
cationen in
wünschte, ei
zeichnen, ich
nur dann hii
strengen Stil
fachsten und
der Siegesgö
  A. Ni
sind Binde u
dieser dem
Siegespreis:
Werthpreise
erhielten, wä
Ehrenpreise
bezeichnet au
weder Kran
  1. Nik
    a)
  aus .
die R. ausstreckend. — b) Mon. d. I. I, 5, 4 (Nola) —
Stephani CR 1872 p. 202, 1, einem Jüngling mit Schrift-

rolle. — c) Tischbein, I, 53 (beide Sicil.) einem Apobaten; hinter ihm eine Säule. — d) Luynes, descr. pl. 37 (Nola) einem Epheben, über einen Altar hin, auf dem ein Kranz liegt, reicht sie die Binde. vgl. Boetticher, Arch. Ztg. 1853, S. 7. ff; Gerhard ebd. S. 18 ff. — e) Braun in den Annali 1837, S. 214, einer bärtigen Mantelfigur.

2. schreitend oder eilend, Kranz oder Binde reichend. Dasselbe Motiv häufig bei Eos, wo sie Tithonos, oder Kephalos verfolgt, doch mit dem Unterschiede, dass bei dieser der Mann forteilt oder sie abwehrt, Nike dagegen erwartet man, die Hand nach ihren Gaben ausstreckend, oder geht auf sie zu.

f) Canino 1829, 541 (Vulci) einem Epheben auf der RS der Amphora, der die R. ausstreckend mit der L. einen Stab aufstützt. — g) Brit. Mus. 807* (Pizzati) = Gerhard, Auserl. Vas. B. 143 dem in den Olymp eintretenden. Heracles. Roulez in der Arch. Ztg. 1857 S. 29 führt zur Erklärung die Stelle des Bacchyl. 9 (Bergk) an: Νίκα γλυκύδωρος Ἐν πολυχρύσῳ δ'Ὀλύμπῳ Ζηνὶ παρισταμένα κρίνει τέλος Ἀθανάτοισί τε καὶ θνατοῖς ἀρετᾶς. — h) Tischbein II 26 (beide Sicil.) = Inghirami v. f. 274 einem auf dem Pferde sitzen Epheben, hinter dem eine Säule sich befindet, auf welcher eine Amphora steht; die Säule bedeutet hier wie auf c das erreichte Ziel. — i) Luynes, descr. pl. 36 (Nola) einem Epheben auf dem Pferde, auf der RS der Amphora. — k) Ermitage 1356 (Campana), einem bärtigen Mann, der die Kithar spielt; die andere Nike dieses Vasenbildes wird uns später beschäftigen. — l) Gerhard, Ant. BW. 117,1 (Neapel). dem Theseus, der den Minotaur tödtet. Hinter Theseus kommt Nike mit hüpfenden Schritten, nach der Haltung ihrer Arme zu schliessen, muss sie eine jetzt verschwundene Binde gebracht haben. — m) Millingen, anc. uned. mon. I, 20—24 (Louvre) dem Achill, der den Memnon niederstossen wird. Die Vase gehört der letzten Zeit des strengen Stils an, nach Jahn, einl. anm. 1277 sogar zum schönen Stil. Hinter Nike kommt ein griechischer Krieger herbei um Achill zu helfen, dieser fehlt auf dem sonst fast ganz entsprechenden Bilde bei n) Dubois-Maisonneuve, Introd. 9 (Louvre), wo ausserdem noch ein Vogel mit Schlange im Schnabel über Memnon fliegt. — o) *Bonn 720 dem Heracles.

3. schwebend, Kranz oder Binde für den Sieger in den Händen,

p) Helbig im Bull. 1871, S. 122 (Capua), auf der RS der Amphora ein Ephebe mit Oelbaumzweigen in den Händen, an Armen und Schenkel mit Binden geschmückt. Wie häufig, so fehlt auch hier die genauere Bestimmung dessen, wodurch er gesiegt; wegen der Inschrift ὁ παῖς καλός, welche sich auf der Binde an seiner Kopfbedeckung findet, mit Helbig zu glauben, er werde wegen seiner Schönheit von Nike gekrönt, scheint mir nicht möglich, einer derartigen Nike begegnen wir gar nicht sonst. — q) Tischbein IV 13 (b. Sic.), Manteljüngling die Rechte ausstreckend. — r) Heydemann, Bull. 1869, S. 245 f. (Altamura) bärtiger Mann, kitharspielend, von jeder Seite fliegt eine Nike auf ihn zu. — Die folgenden Nikedarstellungen sind ganz analog den eben besprochenen, auch in der Haltung der ausgestreckten Arme, doch fehlt ihnen Binde oder Kranz in den Händen. Es wäre denkbar, dass der Sieger dadurch als solcher bezeichnet werden sollte, dass Nike auf ihn zufliegt, um ihn zu berühren, doch finden wir im strengen Stil weder diesen Abschluss der Bewegung (im freien kommt dies zudem nie bei schwebenden Niken vor), noch eine dem entsprechende Bewegung des Siegers, wie wir es auf einer späten Münze bei Imhoof n. 76 haben, wo sie stehend mit beiden Armen einen daher sprengen den Reiter empfängt; vgl. auch t. Daher scheint es mir wahrscheinlicher, Binde oder Kranz seien mit weisser Farbe aufgetragen gewesen und jetzt verschwunden; nur eine genaue Untersuchung der Vasen selbst kann uns darüber aufklären. s) Mus. Gregor. II, 22, 2 (Vulci), kitharspielender Jüngling. t) Millin, peint. d. vas. II 60, Wagenlenker auf einer Quadriga. Auf den entsprechenden Münzdarstellungen bei Imhoof 1—13 hat sie immer Kranz oder Binde, wie die Münzen sie denn fast nie ohne ein Attribut in den Händen schwebend zeigen. — u) *München 416 (Vulci), Jüngling mit Kithar.

4. schwebend, die Binde reichend, dabei umblickend,
v) Mus. Gregor. II, 25, 2 (Vulci) Achill stösst den Memnon nieder, zu welch letzterem Nike umblickt. Binde verschwunden. — w) Brit. Mus. 732 (Nola), Einzeldarstellung. Das Motiv des umgewendeten Kopfes ist den Boten eigenthümlich, vgl. Petersen, Pheidias, S. 172 u. 127, 1; dass Nike ebenso aufgefasst werden muss, werden wir später sehen.

5. stehend, einen Fuss höher aufsetzend, in den Händen hielt sie eine jetzt verschwundene Binde,

x) Brit. Mus. 727 (Gela), bärtiger Kitharspieler. Dieses Bild weicht von den früheren insofern ab, als Nike das Spiel des Mannes erst abwartet, ehe sie ihm die Binde reicht; dies sowie das Motiv des höher aufgesetzten Fusses kommt auf Vasen dieses Stils sonst nicht mehr vor, erst später finden wir beides, das Bild aber deswegen in die spätere Zeit zu schieben, ging der Publication, Ingh. v. f. 290, wegen nicht an; die Bezeichnung des Katalogs „finest style" umfasst strengen und freien Stil. Imhoof 47 (5. Jahrh.) Nike den linken Fuss höher aufsetzend. Die andere Nike unseres Bildes später.

Was die Kleidung der Nike auf den eben behandelten Vasenbildern betrifft, so finden wir überall den langen Chiton, meist geschlossen, doch manchmal an der Seite offen, den sogen. dorischen, in welchem ja häufig jugendliche Göttinnen erscheinen. Der Chiton erscheint gegürtet und ungegürtet, mit oder ohne Aermel, bald mit Ueberfall versehen, bald ohne denselben, häufig ist noch ein Mantel hinzugefügt; ihr Haar wird meist durch ein Band zusammengehalten, an dessen Stelle auch Strahlenstephane, Opisthosphendone oder Haube treten; Schmuck, wie Armbänder, Ohrringe, Halsband kommen sparsam vor.

Betrachten wir die Vasen nach der Art ihrer Darstellung, so bieten uns von den 22 (die Einzeldarstellung kommt nicht in Betracht) 4, l m n u, ernsten Kampf dar, Achill gegen Memnon, Theseus gegen den Minotaur; 2 andere, g o, Heracles von Nike bekränzt, lassen sich ebenfalls hierher ziehen; die übrigen Bilder, mit Ausnahme von fünfen, d e f p q, die sich nicht näher bestimmen lassen, beziehen sich auf friedlichen Agon: Ringkampf (a), Wagenrennen (t), Pferderennen (c h i), musischen Kampf, besonders Kitharistik (b k r s u x). Ebenso gleichmässig sich auf ernsten und friedlichen Kampf beziehend, finden wir Nike in der Literatur, vgl. Aristoph. eq. 586 δεῦρ' ἀφικοῦ (Athene) λαβοῦσα τὴν ἐν στρατιαῖς τε καὶ μάχαις ἡμετέραν ξυνεργὸν Νίκην, ἢ χορικῶν ἐστιν ἑταίρα; s. auch Apollod. Karyst. bei Meineke, frgta com. Gr. IV p. 449. Meist wird sie jedoch mit chorischem Kampf in Beziehung gebracht, so bei Simonid. Ce. in der Anth. Pal. VI, 213; Bacchyl. in der Anth. Pal. VI, 313, und dem Kampf im Stadion, Pind. Nem. 5, 41 f; Isthm. 2, 25 ff; Pyth. 9, 121 ff.

Es ist nicht immer der gleiche Zeitpunkt für das Erscheinen der Nike auf den behandelten Bildern gewählt worden, denn einestheils erscheint sie nach beendigtem Kampfe, der Sieg ist scho erfochten und sie bringt den Preis desselben; dies ist das häufigere; oft ist die Handlung aber noch nicht vollendet, k (l m n) r s t (v) x, der Kitharspieler rührt noch die Saiten, der Wagenlenker lässt seine Rosse eilen, (der Held will seinem Gegner den Todesstoss geben): Nike bringt hier mit dem Siegespreis auch den Sieg selbst. Es erhebt sich die Frage, ob sie nicht auch dort erscheinen könne, wo erst die Vorbereitung oder der Auszug zum Kampfe dargestellt ist, sie also gewissermassen durch eine Prolepsis in die Darstellung aufgenommen wäre. Unzweifelhafte Bilder der Art sind nicht selten.

B. **Nike proleptisch.** Voran stelle ich eine Darstellung, die dem ganzen Habitus der Nike nach sich an die vorhergehenden anschliesst:

2. schreitend, mit beiden Händen eine Binde reichend
a) Berlin 855 (Nola) = Gerhard, Arch. Ztg. 1848, Taf. 21, S. 321 ff. — Friederichs, ebd. 1865, S. 80, dem inschriftlich bezeichneten Linos, der in der Linken die Leier, im Fortschreiten nach ihr, der ebenfalls inschriftlich bezeichneten Nike umschaut. Die richtige Erklärung der Göttin als einer proleptischen verdanken wir Stephani, CR. 1872, S. 201 f.: Linos eilt zu einem musischen Agon; dass er dort siegen wird, sehen wir durch die ihm folgende Nike angedeutet. Meist finden wir jedoch für diese Auffassung der Siegesgöttin andere Formen verwendet: so die Abschiedsdarstellungen, wo wir statt einer bei der Sponde assistirenden Frau inschriftlich, b c, bezeichnet Nike haben; der glückliche Ausgang des Unternehmens, um den der fortziehende Krieger beim Trankopfer die Götter bittet, wird von diesen dadurch gewährleistet, dass sie ihm die Nike senden, um ihm beim Trankopfer einzuschenken; zum Zeichen ihrer göttlichen Sendung trägt sie das Kerykeion, b c d f, das also auch ihr, b c sind inschriftlich bezeichnet, und nicht blos der Iris zukommt.

6. stehend, in der Linken das Kerykeion, aus der Kanne in der Rechten den Wein giessend,
b) Brit. Mus. 721 (Vulci) = Gerhard AVB 150, — Gerhard in den Nachträgen zu den AVB III, S. 170, in die Schale des zum Fortgehen gewendeten bewaffneten Lykaon; auf der Innenseite des Schildes desselben befindet sich ein Kranz, ich vermag nicht zu sagen, ob dieser Schildverzierung sein soll oder etwa hochzeitliche Bedeutung hat, wie man gewöhnlich geneigt ist, solch einen Kranz zu deuten. —

c) Mus. Gregor. II, 63, 2 (Vulci) fast gleich b. Nach der Zeichnung scheint mir dieses Bild den Anfängen des strengen Stils anzugehören. — d) Brit. Mus. 800 (Vulci). Hier giesst Nike, neben dem Krieger stehend, den Wein aus ihrer Kanne auf die Erde, sie vollzieht also die Sponde selbst, wofür wir unter D noch viele Beispiele finden werden; sie thut es hier aus der Kanne, ihrem Attribut.; nur dort wo sie vollständig in die Stelle des Siegers tritt, dieser nicht zugegen ist, verrichtet sie das Opfer dem Brauche gemäss aus der Schale.

7. stehend, mit der Linken den Saum ihres Gewandes emporhebend, reicht sie mit der Rechten die Schale.
e) Brit. Mus. 809 (Vulci) einem Krieger, der zum Fortgehen gewendet ist.

8. schwebend, in der Rechten die Kanne, in der Linken das Kerykeion, zurückblickend,
f) München 351 (Vulci) = Gerhard AVB 82. Einzeldarstellung. Ueber das Umblicken vgl. motiv 4.

Hierher gehören ferner solche Darstellungen, wo eine Flügelfrau einem Jüngling Helm oder Kithar reicht. Man könnte nur zwischen Nike und Iris schwanken, da uns Inschriften hier nicht unterstützen: bei Iris verlangen wir das Kerykeion, die folgenden Darstellungen geben dieses nur einmal; da wir auf den übrigen Bildern Nike erkennen müssen, so werden uns die Gleichheit der Deutung und das Kerykeion auf b und c auch in der Ausnahme Nike erkennen lassen.

9. stehend reicht sie einen Helm
g) Brit. Mus. 974 (Nola) = Annali 1844, tav. d'agg. C, S. 147, einem König. — h) *Braun, Bull. 1843 S. 50, einem sich rüstenden Jüngling, hinter dem ein Greis steht; hinter Nike befindet sich ein Altar.

10. stehend, in der Linken das Kerykeion, mit der Rechten reicht sie einen Helm
i) Tischbein I, 4 (Umgegend von Neapel) = Boettiger, Griech. Vas. Gem. I, 2, S. 68, einem Krieger.

11. stehend, mit beiden Händen einen Helm haltend,
k) Brunn, Bull. 1860, S. 36 (früher Thomson gehörig) = Conze, Ann. 1868, tav. d'agg. J, S. 264 ff. für den Epheben, der seinen Eid beim erstmaligen Erhalten der Waffen leistet. Wahrscheinlich stellt oben h etwas ähnliches dar.

12. eilend, in beiden Händen die Kithar tragend,

l) Élite céramogr. I, 99 (b. Sic.), auf einen Epheben zu, der die Rechte ihr entgegenstreckt.
13. schwebend, die Kithar bringend,
m) Helbig, Bull. 1868, S. 219 (S. Maria di Capua), dem Epheben auf der RS der Amphora, der, beide Hände ausstreckend, im Kitharodengewand der Göttin entgegengeht. — n) Wien IV 78 = Él. céram. I 98 (Unterital.), wohl dem Manteljüngling mit Stab auf der RS der Amphora.
14. stehend, mit beiden Händen die Kithar vor sich hin haltend,
o) Hirt, Berl. Kunstbl. 1829, S. 72 m. Taf. (Palermo); Einzeldarstellung, daher ganz allgemein den Sieg im Kitharspiel bezeichnend; über die RS der Vase ist nichts gesagt, vielleicht gehörte dann die Vase nicht bloss nach der Analogie der vorigen hierher.

Nach der Beschreibung des Sacken-Kennerschen Katalogs der Wiener Sammlung müsste noch in diesen Paragraphen gehören: Wien V 45 (Unterital.) „Nike in langem Aermelchiton und mit der Haube einem vor ihr stehenden Epheben einen Helm (?) aufsetzend, von dem eine lange schmale Feder emporsteht." Bei Laborde, Vases Lamberg II, 29, n. 14 ist die Vase ziemlich abweichend von dieser neueren Beschreibung publicirt worden: Nike kann so, wie sie hier die Hände hält, ihm den Helm mit seiner sehr verlängerten Spitze nicht aufgesetzt haben, vielmehr müsste sie eine Binde halten, dabei bleibt ebenfalls aber das ängstliche Zurückweichen des nackten Epheben mit seiner auffallenden Handhaltung unverständlich. Bei dieser Abweichung unserer beiden Quellen von einander muss ich das Bild unerklärt lassen; ich bemerke, dass sich oben bei n ebenfalls kleinere Ungenauigkeiten des Katalogs gegenüber der Publication finden.

Zu dem unter A über die Kleidung der Nike angeführten habe ich nur einige Ergänzungen zu geben: Der lange Chiton erscheint hier einigemal mit geknöpften Aermeln, auch Kreuzbänder (e) kommen vor; das Haar wird ausserdem in einen Knoten zusammengenommen oder in ein Netz gefasst.

Nach der Art der Darstellung fallen 8 Bilder auf ernsten Kampf, 4 auf friedlichen, ausschliesslich Kitharistik.

C. Nike das Geräth zum Siegesopfer bringend. Unter B begegnete uns Nike mit Kanne oder Schale; aus dem gerüsteten und zum Fortgehen gewendeten Mann, dem sie diente, schlossen wir, es handle sich um ein Bittopfer. Im folgenden ist eine Reihe von Darstellungen zusammengefasst, die Nike mit denselben Gegenständen zeigen, wo der Mann aber im Kitharspiel begriffen ist, a b, oder ohne irgend welches Kampfgeräth, in langem Mantel, häufig den Opferkranz im Haar, die Göttin erwartet, die Hand nach ihrer Schale ausstreckend oder ihr entgegengehend; wir werden danach hier ein Dankopfer für einen errungenen Sieg anzunehmen haben: der Kitharspieler, dem ausserdem noch eine Nike mit Binde naht, wird die Sponde als Dank dem Gott ausgiessen, ebenso die andern, bei denen wir wegen mangelnder Charakteristik nur auf einen Sieg im allgemeinen schliessen dürfen. Nike kann nun auch andere Opfergegenstände bringen, so z. B. ein Thymiaterion; man pflegte ja gewöhnlich unter der Bedingung eines glücklichen Gelingens den Göttern ein grösseres Opfer zu geloben.

15. schwebend, auf der Fläche der Linken die volle Schale,
   a) Brit. Mus. 727 (Gela). s. ob. Ax. Kitharspieler, bärtig.
16. herbeieilend, in jeder Hand eine Schale,
   b) Ermit. 1356 (Campana). s. ob. Ak. Kitharspieler, bärtig.
7. stehend, mit der Rechten die Schale darbietend, (doch ohne dabei wie B 7 ihr Gewand mit der Linken zu heben)
   c) Passeri, Pict. Etr. III 231 (Mus. Mastrill.) einer Mantelfigur.
17. schwebend, in der Rechten die Schale, in der Linken die Kanne,
   d) Brit. Mus. 871 (Nola), vor ihr steht ein brennendes Thymiaterion, auf der RS der Amphora erwartet sie ein bekränzter Manteljüngling.
18. schwebend, in der Rechten die Kanne, in der Linken drei übereinandergesetzte Schalen,
   e) Ermit. 1528 (Campana), auf der RS der Vase streckt ihr ein Ephebe seine Rechte entgegen.
19. eilend, in der Rechten die Kanne, in der Linken die leere Schale; sie blickt zurück, als höre sie noch auf den Befehl, wem sie als Sieger einschenken solle,
   f) Millingen, vas. Coghill 22 = Él. céram. I 92, Einzeldarstellung; vor ihr ein Altar mit Deckel (?). —
   g) *Canino 1837,67 (Etrur.), Einzeldarstellung, doch schaut sie hier nicht zurück.
20. schwebend in der einen Hand die Schale, in der andern einen unkenntlichen Gegenstand,
   h) Canino 1843, 3 (Vulci), auf der RS der Amphora streckt ihr ein Ephebe mit Stab die Rechte entgegen.
21. schwebend, in der ausgestreckten Rechten eine Schale, in der Linken ein Thymiaterion,

i) Zürich 419 (Capua) = Helbig, Bull. 1871, S. 117, für den bekränzten Manteljüngling der RS., der ihr die Rechte entgegenstreckt. — k) Benndorf im Bull. 1867, S. 233, XXII (Terranova); Einzeldarstellung, wo sie über einem Altar schwebt. B. fasst sie proleptisch, wozu kein Grund vorliegt.

22. eilend, in der Rechten die Kanne, die Linke ist ausgestreckt geblieben, weil sie eben die Schale überreicht hat
l) Mus. Gregor. II, 19, 1 (Vulci) einem bärtigen auf einer Kline, vor welcher ein Tisch, liegenden Mann; hinter ihm erhebt eine Frau staunend die Hand. Es ist wohl die Darstellung eines Siegesmahls.

23. stehend, in der gesenkten Rechten die Kanne, mit der Linken den Saum des Gewandes emporhebend,

m) Ermit. 1712 (Campana), links von ihr ein bärtiger Herrscher, rechts eine Frau, beide giessen aus ihrer Schalen die Sponde aus. Offenbar bezieht sich die Darstellung auf irgend einen glücklichen Erfolg, der das Paar angeht; doch vermag ich bestimmteres nicht anzugeben.

Ferner begegnet sie uns inschriftlich bezeichnet, n, eine Fackel mit dem heiligen Feuer in der Hand, meist auf einen Altar zuschreitend; wenn dies auch alles Einzeldarstellungen sind, — nur einmal, o, finden wir auf der andern Seite der Vase einen Sieger —, so dürfte man mit der Annahme kaum irre gehen, dass sie, wie sie oben das Geräth zur Sponde und zum Rauchopfer brachte, so hier bei einem grössern Opfer ministrirend erscheinen soll; dass der Künstler ein Dankopfer gemeint hat, scheint mir klar, denn wenn wir auch auf o allein uns nicht stützen können, so hätte der Künstler, falls er Nike proleptisch fassen lassen wollte, dies doch, wie wir sahen, in einer hinzugefügten Person zum Ausdruck bringen müssen; geschieht das nicht, so können wir nur auf ein Opfer für einen errungenen Sieg schliessen, als das am nächsten liegende. Wenn der Altar, q r, manchmal schon flammend dargestellt ist, während Nike erst auf ihn zuschreitet, so beruht das wohl auf künstlerischer Freiheit. — Zur selben Kategorie von Darstellungen gehört die, wo sie eine Hydria zu bringen im Begriff steht; Wasser spielte ja beim Opfer eine grosse Rolle.

24. schreitend, in der Rechten die brennende Fackel, die Linke im Peplos eingehüllt. Der eingehüllte linke Arm erscheint

Nike auf Münzen häufig, vgl. Imhoof 45, 47; nachalexandri-
h: 53, 70, 72, 90, 91.
  n) Benndorf, Griech. u. Sic. VB 19, 3 (Athen). — o)
München 261 (Unterital.); auf der VS ein Ephebe mit
Strigilis in der Rechten, in der Linken eine Binde; ihm
gegenüber ein bärtiger bekränzter Mann mit Stab; zwischen
beiden eine Stele. — p)* Karlsruhe 220 (ungewiss, ob die
Fackel brennt), N. tritt vor einen Altar.
25. schreitend, in jeder Hand eine brennende Fackel,
  q) Ermit. 1675 (Pizzati), auf einen Altar mit Flamme hin.
26. schreitend, in jeder Hand eine Fackel,
  r) Hübner, ant. Bildw. in Spanien, 587 (Gross-Griechenland?), auf einen Altar mit brennendem Opfer hin. Auf der RS der Vase eilt ein Knabe mit Becher (?) ihr nach. — s) Quandt & Schulz, Beschr. d. im Pohlhof befindl. Kunstgegenst. S. 84. — Ueber ein scheinbar hierher gehöriges Vasenbild vgl. Eg.,
27. stehend in der Rechten die brennende Fackel, mit der ien den Saum des Gewandes hebend,
  t) Ermit. 1732 = Panofka, Arch. Ztg. 1847, S. 189, n. 9 (Barone), auf der RS der Amphora steht eine Scepterfrau.
28. sich herabbeugend, im Begriff eine Hydria, die unter einer nnenröhre steht, aufzuheben,
  u) Benndorf, Griech. u. Sic. VB 23, 2 (Athen) — Heydemann, Griech. VB 5, 2 — Stephani, CR 1872, S. 205, 3.

Hieran füge ich noch einige Darstellungen, wo Nike allerdings it das Geräth zum Opfer bringt, wenn wir nicht v so erklären en, da die Kränze nothwendiges Requisit beim Opfer waren, aber dennoch, weil die Göttin hier über einem Altar schwebt Siegesopfer zu beziehen sein werden; es sind ebenfalls Einzelstellungen; auf v ist Nike inschriftlich bezeichnet.
3. schwebend, in den ausgestreckten Händen einen Kranz,
  v) Benndorf, Bull. 1867, S. 233, XXI (Terranova), welcher sie ohne Grund proleptisch fasst; über einem brennenden Altar. — w) Brit. Mus. 781, auf einen Altar zu; nach dem Katalog mit ausgestreckten Händen, „als wenn sie einen Kranz hielte," möglicher Weise ist dieser einst vorhanden gewesen, vgl. das unter A 3 bemerkte.
29. schwebend, die Arme im Mantel eingehüllt; vielleicht ist oof 44 diesem ähnlich,
  x) Brit. Mus. 888 (Nola) auf einen Altar zu.

D. **Nike den Sieger vertretend.** Hatten wir uns bis jetzt mit Darstellungen zu beschäftigen, wo Nike dem Sieger das Geräth zum Opfer brachte, so kommen wir jetzt zu andern, wo sie selbst opfert, die Sponde ausgiesst. Kann sie aber für sich opfern? Sie müsste dann ja selbst einen Sieg erringen können und demzufolge auch kämpfend dargestellt werden können; das letztere finden wir weder auf den Münzen, noch werden wir es je auf den Vasen finden, weil eben die Voraussetzung, dass sie einen Sieg erringen könnte, ihrem Begriffe widerspricht. Also kann sie nicht für sich selbst das Opfer darbringen, wohl aber für denjenigen, der mit dem Siege angethan worden ist; finden wir doch dafür eine Analogie in den anathematischen Reliefs, s. Friederichs, Bausteine n. 70 ff., wo ebenfalls die Siegesgöttin an Stelle des Siegers dem Festgott als Dank für den erworbenen Sieg ein Trankopfer darbringt; so haben wir auch a zu erklären, wo Nike inschriftlich bezeichnet ist. Alle diese Darstellungen sind auf ein Dankopfer zu beziehen, unter B d sahen wir, wie ein derartiges Bittopfer aussieht. Ausser a sind es alles Einzeldarstellungen.

30. stehend, in der halberhobenen Rechten die Kanne, mit der Linken die volle Schale reichend,

a) Stackelberg, Gräb. d. Hell. 18 (Athen) = Él. cér. I 14, dem an der andern Seite des brennenden Altars stehenden Zeus (inschr.). Dass es sich hier um ein Siegesopfer handelt, wird durch Nike neben dem brennenden Altar klar; dass Zeus kein Opfer bringen kann, ist selbstverständlich; Nike an Stelle des Siegers bringt es dar dem Zeus, denn dieser ist gegenwärtig und empfängt die Sponde. Der Sterbliche konnte die Sponde nicht anders darbringen, als indem er sie in die reine Flamme des Altars goss, damit diese sie zum Gott hinauftragen möchte; auf unserm Bilde sehen wir die Sponde, wie man sie sich eigentlich dachte, dargestellt. Wo der Gott nicht zugegen ist, wie auf allen folgenden Vasenbildern, da sehen wir Nike in gewöhnlicher Weise die Sponde ausgiessen.

31. stehend, mit der Rechten die Schale ausgiessend,

b) Brit. Mus. 767 (Hamilton), auf einen Altar.

32. stehend, in der Linken einen Apfel, mit der Rechten die Schale ausgiessend,

c) Ermit. 1533 (Pizzati), auf einen Altar. Der Apfel bei Nike ist mir unverständlich, denn kein Vasenbild des strengen Stils erlaubt die Deutung auf einen Sieg in der Liebe; man könnte an einen Cedernzapfen denken, solche fanden als Weihrauch Verwendung.

33. stehend spendet sie zurückblickend, in jeder Hand eine Schale,

d) Brit. Mus. 751 (Sicil.) auf einen Altar. Für ihr Fortblicken vom Altar lässt sich schwer ein Grund angeben, vielleicht liegt darin eine Hinweisung auf den Sieger.

34. schwebend, in der Linken die Kanne, in der Rechten die Schale haltend, spendet sie

e) Brit. Mus. 747 (Sicil.) = Durand 215, auf einen brennenden Altar. — f) Arch. Anz. 1864, S. 163*, ganz ähnliche Lekythos, von G. Dennis bei Terranova gefunden, jetzt im Brit. Mus.

35. schreitend, in jeder Hand ein Weihrauchkorn,

g) Brit. Mus. 886 (Nola) auf einen brennenden Altar zu. Dieses Bild scheint mir eher hierher als unter C zu gehören.

36. stehend, in der Linken die Kithar, mit der Rechten die Schale ausgiessend,

h) bei Benndorf, Bull. 1867 S. 233, XXIII (Terranova). Eine sehr abbreviirte Darstellung: Dankopfer für einen Sieg im Kitharspiel oder in der Kitharodik.

Ebenso findet sich Nike an Stelle des Siegers, wo es sich um Weihung eines Gegenstandes handelt, den man entweder als Siegespreis davongetragen hat oder mit dem der Sieg errungen wurde.

37. stehend, aus der Kanne in der Rechten und der Schale in der Linken die Sponde verrichtend,

i) Panofka, Musée Blacas 1 = C. I. Gr. I 25 u. 73, auf die Stufen der Basis eines Dreifusses, den die Phyle Akamantis als Preis eines musischen Sieges geweiht, vgl. Simonides Ceus bei Bergk, poëtt. lyr. 150. Auf der RS ein Manteljüngling mit Stab als Zuschauer.

38. schwebend, mit beiden Händen einen Helm tragend,

k) Moses, vas. Englefield, add. pl. VI; an der Spitze des Helmes ist eine Binde befestigt. Proleptisch kann Nike hier nicht gefasst werden, denn bei dieser wäre noch eine Binde am Helm überflüssig, zudem fehlte der Krieger, dem sie den Helm bringen sollte; wenn wir uns erinnern, dass unter anderem auch Helme den Göttern geweiht und zu dem Zweck durch Anbringung von Binden für die Gottheit geschmückt wurden, so dürfen wir hier wohl Nike einen in der Schlacht gewonnenen oder vom Sieger dort getragenen Helm als Weihgeschenk bringen sehen. Kleidung und Schmuck der Nike in den beiden letzten Paragraphen sind gleich dem unter A und B bemerkten, auch hier ist der lange Chiton durchgehend, daneben im Beiwerk die grösste Mannigfaltigkeit. In den meisten Darstellungen von C und D fehlt die Andeutung darüber, ob das Opfer für einen Sieg im ernsten oder friedlichen Kampfe gebracht werde; wo sie vorhanden ist, da finden wir ebenso wie früher beides vertreten: Co Athletik, D h u. i Musik, Dk ernster Kampf.

E. Nike als Mundschenkin der Götter. In der Flügelfrau der folgenden Darstellungen werden wir ebenfalls die Nike zu erkennen haben; sind doch ihre Attribute, Kanne und Schale, wie auch der Gebrauch, den sie davon macht, uns nicht mehr neu, zudem finden wir sie unter a inschriftlich bezeichnet. Es fragt sich, ob ihr Einschenken hier, wo es Göttern gegenüber geschieht, ebenso aufzufassen ist, wie auf den früheren Vasenbildern bei den Sterblichen, weil diese einen Sieg errungen hatten oder noch erringen sollten. Dass Nike nicht aus diesem Grunde zu den Göttern gefügt worden sein kann, bedarf kaum eines Beweises, sind die Götter doch, jeder in seiner Sphäre, selbst Siegverleiher; daher sehen wir auch in diesem Vasenstil es niemals, dass der aus einem Kampfe siegreich hervorgehende Gott durch Bekränzung von Seiten der Nike noch besonders als Sieger bezeichnet wird, er ist als Gott eben immer siegreich; kommt nun im strengen Stil nicht einmal diese Funktion der Siegesgöttin Göttern gegenüber in Anwendung, um wie viel weniger dürfen wir dann ihr Einschenken hier so verstehen, als geschehe es irgend eines göttlichen Sieges wegen, besonders da durch die Sponde eine höhere Macht, der sie dargebracht wird, vorausgesetzt wird; wem sollte aber wohl ein Zeus oder Poseidon ein Trankopfer darbringen? Wenn wir daher einmal, f, den thronenden Poseidon seine Schale ausgiessen sehen, so können wir darin nur eine etwas weit gehende Freiheit des Künstlers erkennen. Wir werden demnach schliessen dürfen, dass diese Function der Nike bei den Göttern nicht aus irgend welchem Siege dieser, wofür zudem jeder Anhalt fehlt, herzuleiten ist.

Für die Richtigkeit dieser Annahme spricht das Verhalten der Nike in den späteren Stilarten den Göttern gegenüber; denn sehen wir auch besonders den malerischen Stil so frei schalten, dass er durch Nike einen kämpfenden Gott als Sieger krönen lässt, so geht er doch nie so weit, dass er bei seiner sonstigen reichen Fülle von Siegesopfer-Darstellungen einem Gott von Nike das Opfergeräth bringen oder zur Sponde einschenken lässt oder gar den Gott opfern lässt, was doch unerklärlich bliebe, wenn ihm schon die Künstler des strengen Stils mit derartigen Darstellungen vorangegangen wären; diese aber liessen nicht einmal einen kämpfenden Gott als Sieger krönen, offenbar weil es ihrem Gottesbegriffe widersprochen hätte. Wo Nike im malerischen Stil in Verbindung mit Göttern erscheint, da geschieht es meist so, dass sie ihnen, wenn auch nicht als Mundschenkin — derartige Darstellungen finden wir später so gut wie gar nicht mehr —, so doch in anderer Form dienend zngetheilt wird, worüber im entsprechenden Paragraphen des zweiten Abschnitts das weitere.

Dass sie auch im strengen Stil so aufzufassen ist, zeigen uns die Vasenbilder, mit denen wir es hier zu thun haben: meist sind es einzelne thronende Götter, d f i m n, oder auch ebensolche Götterversammlungen, a g k, bei denen wir Nike einschenkend fungiren sehen, ganz wie sonst Hebe oder Ganymed, die eigentlichen Mundschenken des Olymp. Dass die Künstler sie an deren Stelle setzen konnten, erklärt sich aus der Vorstellung der Alten, nach welcher sie bei den Göttern wohnte, wie denn nach Hesiod. theog. 401 f. Zeus die Nike nebst ihren Geschwistern als Dank für die von ihnen im Titanenkampf geleistete Hülfe zu Einwohnern des Olymp machte; auch die unseren Vasen gleichzeitige Literatur kennt sie als Bewohnerin des Himmels, vgl. die angeführten Stellen des Bacchyl. S. 9 und Aristoph. S. 6 u. 11. Nun gehört Nike nicht zu den grossen Göttern, repräsentirt vielmehr nur eine Eigenschaft dieser; sollte sie bei diesen dargestellt werden, so konnte die Malerei nicht so wie die Plastik sie als Attribut auf die Hand des Gottes stellen, sondern musste sie stilgemäss in lebendigere Beziehung zu ihm bringen, sie ihm dienen lassen, und an welche Art von Dienst bei den Göttern lag es näher zu denken als an das Mundschenkenamt?

In dieser Auffassung der Nike als Dienerin der Götter liegt auch begrifflich nichts was der Siegesgöttin widersprechen könnte, war doch jedem Gott der Sieg dienstbar, zu ihm flehte man um denselben, er sandte ihn dem Würdigen; daher begegnet uns auch hier wieder wie unter B das Kerykeion bei der Nike, f g h.

Wenn ich Nike ebenfalls als Dienerin auf denjenigen Vasenbildern erklären muss, wo sie einem vor ihr stehenden Gott einschenkt, b c e h o p q, so könnte man mir, besonders bei h, sich auf die anathematischen Reliefs stützend, einwenden, dass hier die

Siegesbedeutung der Nike doch klar sei, sie bringe an Stelle des Siegers die Sponde dar. Wenn wir aber genauer zusehen, lässt sich diese Erklärung nicht halten, denn unter D a, wo wir unzweideutig eine derartige Darstellung hatten, sahen wir Nike dem Zeus über einen Altar hin die Schale reichen; dass aber die alten Künstler die Hinzufügung des Altars zur Charakterisirung solcher Darstellungen für nothwendig erachteten, können wir daraus schliessen, dass er auch auf den Reliefs fast ohne Ausnahme erscheint, vgl. die Zusammenstellung dieser bei Welcker, Alte DM II, S. 37 ff, wozu hinzuzuziehen ist, was Friederichs, Bausteine n. 70 bemerkt. Wenn der Altar einmal nicht hinzugefügt ist, Heydemann, Ant. Marm. BW zu Athen, n. 197 = Friederichs, Baust. n. 630, so erklärt es sich daraus, dass wir es hier nicht mit einer Relieftafel, sondern mit einer Dreifussbasis zu thun haben, deren jede Seite durch eine Person gefüllt wird; durch die Hinzufügung eines Altars zu einer von diesen wäre das Gleichgewicht gestört worden; Mon. d. J. IV, 42, Candelaberbasis, ist dessenungeachtet ein Altar mit Flamme zur Nike gefügt. Auf unsern Vasenbildern finden wir nun den Altar nicht vor, damit fehlt uns beim Gott die Andeutung des Opfers, demnach können wir Nike auch hier nur als Dienerin, Mundschenkin der Götter fassen.

39. stehend, aus der Kanne in der Rechten den Wein giessend oder im Begriff es zu thun,

a) Berlin 1030 (Sosiasschale aus Vulci) = Gerhard, etr. u. gr. Trksch. VI f = Kekulé, Hebe, S. 18, 2, in die Schale der neben Zeus thronenden Hera. Sehr sorgfältig gemalt; aus den frühesten Zeiten des strengen Stils, dafür spricht auch, dass sie ausser der Haube noch einen Schleier über den Kopf gezogen hat, auf den sf Vasen tragen die Göttinnen beinahe durchgehend den Schleier. — b) Brit. Mus. 885 (Vulci), in die Schale einer vor ihr stehenden Scepterfrau, nach den Katalogen Eirene. — c) Campana XI 54 (Nola) in die Schale eines bärtigen Herrschers (Zeus?), hinter dem eine Frau steht, die in der Linken, — also keine Bewillkommnungsscene —, eine Blume hält. Der Katalog giebt keine genauere Beschreibung des Mannes; ist es nicht Zeus, so wäre diese Vase unter C zu stellen. — d) Neapel 3112 (Nola), in die Schale des thronenden Zeus. — e) Helbig, Bull. 1872, S. 42 f, n. 3 (Capua), in die Schale des Triton·

6. stehend, in der Linken das Kerykeion, aus der Kanne in der Rechten giessend oder im Begriff es zu thun,

f) Arch. Ztg. (XXXIII), 1875 Taf. 10 (Caere) in die Schale des thronenden Zeus; Poseidon diesem gegenüber sitzend libirt. — g) Mon. d. J. VI 58, 1 (Caere) in die Schale des thronenden Zeus. — h) Él. céram. II 47 (Agrigent), in die Schale des Apollon Kitharodos. Schon ihres Kerykeions wegen könnte Nike hier nicht an Stelle des Siegers stehen; daher erscheint sie mit diesem auch nie auf den anathem Reliefs. — Was die mit unangezündeten Fackeln in den Händen vorwärtseilende Flügelfrau der RS dieser Amphora betrifft, so fehlt es ihr nicht an einer Reihe von Namen: Eirene, Demeter-Erinys, Erinys (Dilthey, Arch. Ztg. 1873, S. 81, 4), Eos (Koerte, Personificationen S. 82), Artemis (Fröhner, Mus. de France p. 18 ff.); sie entspricht ganz den Niken unter C 24, doch wäre hier eine Opfer-Nike nicht am Platze; zudem kommen auf den Vasenbildern mit zwei Siegesgöttinnen diese immer von entgegengesetzten Seiten auf den Sieger zu, Vasen der vorliegenden Form geben ausserdem nicht die Doppelung der Göttin. Eos wäre unverständlich, noch mehr aber Erinys, deren Typus ein ganz anderer ist; am ehesten ginge noch Artemis, da auf Vasen geflügelte Darstellungen dieser vorkommen, vgl. Fröhner a. a. O. pl. 4 nebst Text, wozu ich noch Mus. Gregor. II 21, 1 fügen möchte, wenn der Köcher unzweifelhaft feststände und nicht statt seiner ein Haarschopf zu verstehen ist, worauf mich Hr. Prof. Petersen aufmerksam macht; doch wäre auch die Benennung „Artemis" nicht ganz sicher.

40. stehend hebt sie mit der Linken den Saum ihres Gewandes' aus der Kanne in der Rechten giessend oder im Begriff es zu thun, i) Él. céram. I 32 (Hamilton) = Stephani CR 1865, S. 39; in die Schale der thronenden Hera. Aus der frühesten Zeit des strengen Stils. — k) Mon. d. J. VI 58, 2 (Campana), in die Schale des thronenden Zeus, vgl. n. — l) Dubois-Maisonneuve, Introd. 77, 5, Einzeldarstellung.

41. stehend, in der gesenkten Rechten die Kanne, die Linke erhoben,

m) Brit. Mus. 811 (Vulci) = Gerhard, Trksch. u. Gef. I, Taf. D = Kekulé, Hebe, S. 28 ff., begleitet sie mit dieser Geberde die gefüllte Schale auf ihrem Wege zum Munde der thronenden Hera, als wollte sie dadurch verhüten, dass etwas vom Wein verschüttet werde — ein der Wirklichkeit abgelauschtes Motiv. Stilistisch aus der ersten Zeit des strengen Stils.

23. stehend, in der gesenkten Rechten die Kanne, mit der Linken den Saum ihres Gewandes emporhebend,

n) Berlin 864 (Vulci) = Él. céram. III 39 = Stephani CR 1865, S. 39, zu jeder Seite von ihr eine thronende Göttin, von denen eine ihr eine Schale zum Einschenken entgegenhält. Sehr ähnlich k.

42. stehend, in der Linken eine Schale, die Rechte mit der Kanne halb erhoben,

o) Brit. Mus. 787 (Vulci) = Gerhard, Auserl. VB 174 f., wie um dem vor ihr stehenden Poseidon in dessen Schale einzugiessen; Dionysos umblickend entfernt sich.

43. stehend, in der Linken die Kanne, mit der Rechten die Schale darbietend,

p) Campana XI 18 (Nola), dem Poseidon. Vielleicht ebenfalls eine der ältesten rf Nikedarstellungen, nach der Beschreibung läuft oben ein sf Thierfries. — q) Leyden 1807 (Vulci) = Él. céram. I 76 A, der Athene. Aus der ersten Zeit des strengen Stils.

Ihre Kleidung ist die gleiche wie früher; unter a ist schon bemerkt worden, dass sie auch einen Schleier trägt, dieser erscheint sonst nicht mehr bei ihr; auch in der übrigen Kleidung weicht sie von den andern Göttinnen dieser Schale nicht ab, während sie auf den übrigen Vasenbildern meist einfacher als diese gekleidet vorkommt; darin liesse sich ebenfalls ein Zeugniss für das hohe Alter dieser Schale finden.

Wir fanden sie auch hier, wie schon unter 7, 25 und 29 mit der Linken den Saum ihres langen Chiton emporhebend, ein Motiv sehr entsprechend der Nike, die besonders da, wo sie die volle Kanne oder Schale trägt, nicht durch das Gewand gehindert werden darf; auch auf Münzen häufig Imhoof 33 („ein Merkmal ihrer Eile"), 42, 73, 102.

F. Nike in anderer Weise bei den Göttern. Aus Homer und auch sonst wissen wir, dass alle Götter Sieg verleihen, daher sahen wir Nike eben unterschiedslos dem Zeus, Poseidon, Apollon, Triton, der Hera und Athene ihre Dienste weihen; ganz besonders aber verleihen Zeus und Athene den Sieg, die Plastik bildete diese vor allen als Nikephoroi und schon bei Homer geben sie allein ἑτεραλκέα νίκην, entscheidenden Sieg, Il. 8, 171; 17, 627, 7, 26; Od. 22, 236; vgl. auch Hesiod. scut. 339; ihnen käme also die Nike ganz besonders zu. Dafür geben die Vasen ebenfalls Beispiele und zwar theils solche, die dem Zeus oder der Athene Nikephoros der Plastik entsprechen: vor ihnen stehend reicht sie die Binde oder den Kranz, nicht weil sie einen Sieg errungen, denn von Andeutung irgend eines Kampfcs oder einer sonstigen That ist keine Spur, sondern wie mir scheint, um sie als Siegesgötter zu bezeichnen, um ihre Siegeseigenschaft hervorzuheben, vgl. E. Petersen, Pheidias, S. 379; theils aber ist sie ihnen zugesellt. als Dienerin und Gefährtin, und das besonders der Athene.

44. stehend, die Linke (mit Kanne?) herabhängend, mit der Rechten einen Kranz aufsetzend,

a) Leyden 1805 (Vulci) = Roulez, choix, pl. 1, auf das Haupt des thronenden Zeus; dieser hält eine volle Schale in der Hand und sitzt so der ebenfalls thronenden Hera gegenüber. Sehr flüchtig und nachlässig gezeichnetes Bild, so dass man an der Richtigkeit seiner Einordnung in diesen Stil zweifeln könnte.

1. stehend, mit beiden Händen eine Binde reichend,

b) Él. céram. L 68 (Pourtalès VI 2), der vor ihr stehenden Athene.

45. schreitend, das Kerykeion in der Linken,

c) Campana IV ff., 793, vor der Quadriga, auf welcher Athene einen Krieger fährt; entweder Darstellung einer Apotheose oder Athene begleitet einen Krieger in die Schlacht, wie vor Troia den Diomedes; durch jede von diesen Annahmen wird Nike gesichert, vgl. im Abschnitt II die ähnlichen Darstellungen unter D.

2. eilend, in den ausgestreckten Händen eine Binde,

d) Brit. Mus. 749 (Vulci) = Él. céram. I 85, Erichthoniosgeburt. Nike bringt die Binde der Gaia, wie wir es auf spätern Bildern ganz deutlich finden, was übrigens auch in Mythos seine Begründung hat. Nike folgt der Athene, handelt also in deren Auftrag.

46. eilend, die Rechte staunend oder grüssend erhoben, die Linke eingehüllt (motiv 24),

e) Brit. Mus. 741* (Vulci) = Él. céram. I 64 f. Athenegeburt; Nike eilt auf die Athene, der sie folgen wird, zu. Vergleichen lässt sich der Ostgiebel des Parthenon und die Basis des Zeus zu Olympia, auf welch letzterer Eros und Peitho ebenso zur Aphrodite eilen. Nike erscheint hier kleiner gebildet als die übrigen Götter, was sonst in diesem Stil nie vorkommt; ich finde nicht bemerkt, ob vielleicht im Henkelansatz der Grund dafür zu suchen ist; möglicher Weise wollte auch der Künstler ihr Verhältniss zu den übrigen Göttern dadurch bezeichnen, oder will er sie mit der Athene wachsen lassen?

47. eilend, den rechten Arm ausgestreckt (Imhoof 37, vgl. auch unter G und H mot. 48), den linken eingehüllt (motiv 24),

f) Él. céram. I 69 (Hamilton) = Jahn, Arch. Beitr. S. 106; sie eilt der Athene nach, die in schnellem Vorwärtsstürmen nach ihr umblickt. Ist die Athene sicher, so dürfen wir in der Flügelfrau Nike erkennen; der Helm, welchen letztere auf dem Kopf hat, würde, auch wenn er unzweifelhaft wäre und nicht möglicherweise eine Haube, nicht gegen eine solche Benennung sprechen, vgl. Imhoof S. 5 und n. 76; dennoch vermag ich ebensowenig als die bisherigen Erklärer dieses Bild zu deuten. Es entspricht, auch in den Motiven der Athene, genau den Darstellungen, wo Eos den Kephalos verfolgt; wie soll aber der ausgestreckte rechte Arm, in dem wir bei Eos den Ausdruck des Fangens sehen, bei Nike gegenüber der Athene gedeutet werden? sollen wir das Nike-Linosbild unter Ba herzuziehen, hier wo es sich um eine Hauptsiegesgottheit handelt, der gegenüber Nike auf Vasen dieses Stiles nicht selbständig ist? Ich wage keine Erklärung; Italinski nennt bei der ersten Publication dieses Bildes, Tischbein II 14, die die Élite nachgestochen hat, die Athene Demophon, lag ihm die Zeichnung oder die Vase selbst vor?

Hier füge ich ein Bild an, das Nike im Kreise der Demeter zeigt, das einzige in diesem Stile; in der späteren Zeit sehen wir sie bei Triptolemus erscheinen; auf Münzen, allerdings erst zu Alexanders des Grossen Zeit, kommt sie mit Demeter in Verbindung vor, vgl. Imhoof S. 13, anm. 19; ferner erinnere ich an die Demeter Nikephoros.

41. stehend, in der gesenkten Rechten die Kanne, die Linke erhoben,

g) Gerhard, Trksch. u. Gef. I, Taf. AB (Brygosschale aus Vulci im Städelschen Institut zu Frankfurt a. M.) = Strube, Studien üb. d. Bilderkreis von Eleusis, S. 13 ff., Aussendung des Triptolemos. Um Iris in der Flügelfrau zu erkennen, genügt es nicht, wie bei Strube, dass diese überhaupt im homerischen Hymnus auf die Demeter, 314 ff. einmal vorkommt, wir müssten doch wenigstens verlangen, dass sie dort bei einer der unsrigen entsprechenden Handlung erscheine, zudem fehlt ihr das Kerykeion; es ist sicher Nike, die wohl dem Triptolemos eingeschenkt hat und nun, während sie eine ihr die Schale entgegenhaltende Frau abwehrt, zum sogenannten Eumolpos geht, um dessen Schale zu füllen; sie erscheint so als Dienerin der Demeter, von der die Aussendung des Triptolemos ausgeht, ihre Auffassung als proleptische steht in zweiter Linie; der sogen. Eumolpos dürfte durch seine vollständige Rüstung wohl auch als Fortziehender bezeichnet werden; doch ist hier nicht der Ort auf dieses Vasenbild, das seine Deutung noch erwartet, näher einzugehen.

Die Kleidung der Nike bleibt auch hier durchgehend der lange Chiton mit seinen verschiedenen Modificationen, nie erscheint sie im strengen Stil mit kurzem Gewand, wie Iris manchmal vorkommt; ebenso sehen wir sie auf den Münzen; wir können ihr also den langen Chiton, den auch alle folgenden Darstellungen zeigen, als eigenthümlich beilegen.

G. Nike in Verbindung mit Frauen. Solche Vasenbilder treten in unserm Stil selten auf, zu den meisten können wir ausserdem keine Erklärung fügen; sie bilden in dieser Beziehung einen Gegensatz zu den gleichartigen Darstellungen der folgenden Stilarten, wo es uns leicht wird, den zu Grunde liegenden Gedanken zu erkennen; nur bei a können wir vermuthen, dass Nike der Frau wegen des glücklichen Vollbringens einer Arbeit nahe, um ihr beim Dankopfer einzugiessen. Den Sieg weiblicher Schönheit finden wir durch sie hier noch nicht bezeichnet, ganz so kommt auch Eros in diesem Stil bei Frauen nicht vor, vgl. Furtwängler, Eros, S. 19; zum Theil darauf mag es auch beruhen, dass Nike hier nicht mit der Binde erscheint, sondern entweder ohne Attribut, oder mit Kanne und Schale, die im strengen Stil ihr am häufigsten vorkommendes Attribut bilden.

19. eilend, in der Rechten die Kanne, in der Linken die Schale,
a) Tischbein IV 17 (b. Sic.) = Stephani CR 1865, S. 39, auf eine vor ihr stehende Frau zu, vor der ein Kalathos sich befindet.

17. schwebend, in den Händen Schale und Kanne haltend,
b) Neapel SA 241 (Basilicata), auf der RS des Skyphos flieht eine Frau, nach ihr zurückblickend, in der Linken

eine stilisirte Blume, mit der Rechten ihr einen Vogel hinhaltend. Ohne Erklärung, wie auch das folgende Bild, das eine ähnliche Darstellung zeigt.
7. stehend, eine Hand mit der Schale ausstreckend, die andere?,
c) Brit. Mus. 752 (Vulci), nach einer umblickenden von ihr fortschreitenden Frau mit Schleier auf dem Kopfe und Alabastron in der Hand. Die RS der Amphora ist ganz ähnlich: eine jugendliche Mantelfigur streckt die eine Hand mit der Schale nach einer andern im Fortschreiten zurückblickenden jugendlichen Mantelfigur aus.
48. stehend, die Rechte ausstreckend (vgl. motiv 47),
d) Brit. Mus. 800 (Vulci): „als wenn sie eine weibliche Gestalt mit Scepter, die vor ihr steht, vorwärtsführen wollte." Auf der VS dieser Amphora begegnete uns die proleptische Nike neben einem Krieger; es liegt nahe einen Gedankenzusammenhang zwischen beiden Darstellungen anzunehmen: die allein mögliche Annahme scheint mir dann die eines hochzeitlichen Bezuges, wobei jedem Theile Nike hinzugefügt werden konnte, wie wir später so häufig den Eros finden; doch dürfte der strenge Stil die Deutung unseres Vasenbildes, dass die Frau, wenn der Mann um sie wirbt, einen Sieg erringt, nicht zulassen, dergleichen gehört in die späteren Stilarten. Es wäre möglich, dass diese Vase, die nicht publicirt ist, dem freien Stil angehört, denn unter der Bezeichnung des Katalogs, „finest Greek style" sind, wie schon erwähnt, Vasen des strengen wie des freien Stils begriffen, feststellen lässt sich nichts darüber.
49. eilend, beide Hände im Mantel eingehüllt (vgl. motiv 29),
e) Brit. Mus. 976 (Nola) = Él. céram. I, S. 81 = Stephani CR 1865, S. 39, auf eine vor ihr stehende Scepterfrau zu. Wohl eine Fälschung oder völlig corrumpirte Zeichnung haben wir bei Panofka, griech. Trinkhörner, Taf. I, n. 16 f. (Gargiulo racc. II 22) = Stephani CR 1865, S. 39: Nike in den ausgestreckten Händen einen Reif haltend steht einer sitzenden Frau gegenüber, die ihr mit der ausgestreckten Rechten eine Kanne entgegenhält, während sie den gebogenen linken Arm so erhoben hat, dass die Fingerspitzen sich gegen das Gesicht richten, eine völlig unverständliche Darstellung; bei Tischbein II 58 glaube ich das Original gefunden zu haben, in den Motiven genau entsprechend, nur steht hier statt der Nike ein junges Mädchen mit Kanne und Schale in den Händen, dafür ist der Reif als Spiegel in die ausgestreckte

Rechte der sitzenden Frau zurückgekehrt, welche in der Linken einen Puderquast hält, mit welchem sie vor dem Spiegel ihr Gesicht betupft.

H. **Vereinzeltes.** Hier fasse ich Nikedarstellungen zusammen, die bei vereinzeltem Vorkommen sich unter keine der vorhergehenden Abtheilungen bringen liessen; durch Inschriften werden wir bei diesen nicht unterstützt, doch bieten die Münzen für einen Theil der Motive eine Bestätigung, so dass, ausser der Ausscheidung der übrigen Flügelfrauen, auch dadurch die Benennung Nike gesichert wird; eine Erklärung aller Darstellungen zu geben, schien mir nicht möglich, da die Bilder fast nur aus Beschreibungen bekannt und meist Einzeldarstellungen sind.

50. eilend, die Linke erhoben, vgl. mot. 46,
 a) Brit. Mus. 783 (Vulci), Götterversammlung; Apollon Kitharodos giesst aus einer Schale der Artemis ein in deren Kanne (!), hinter Apoll eilt Nike herbei.
51. schwebend,
 b) Brit. Mus. 770 (Hamilton), über der Erde vor einer dorischen Säule; ähnlich das folgende,
52. schreitend, mit der Linken den Saum des Gewandes hebend,
 c) Brit. Mus. 775, auf eine dorische Säule zu. Die Säule finden wir auf agonistischen Vasenbildern häufig in der Bedeutung des Zieles, vgl. unter A c und h, daher lässt sie sich leicht zu einer Nike fügen, welche dadurch ganz allgemein als Siegesgöttin gefasst erscheint, höchstens dürfen wir noch agonistisch hinzufügen.
53. schreitend, dabei umblickend, vgl. mot. 4,
 d) *München 302 (Vulci), auf der RS der Amphora stützt sich eine jugendliche Mantelfigur auf einen Stab; schreitet Nike auf diese zu?
48. stehend, den rechten Arm ausgestreckt,
 e) Brit. Mus. 776. — f) *Durand 220 (Sicil.). — g) *Berlin 1861 (Nola) vor einem Altar. Es ist auf diesen Darstellungen keine andere Person hinzugefügt, wodurch dies Motiv seine Erklärung finden könnte; vermuthlich soll darin eine Hinweisung für den Sieger oder ein Hinweisen auf denselben liegen.
54. stehend, in der Rechten ein Acrostolium, mit der Linken ein kurzes mit einer Palmette geschmücktes Scepter aufstützend, dabei zurückblickend,

h) Berlin 835 (Basilicata) — Él. céram. I, 96, Nike einer Sieg zur See bezeichnend. Eine solche abbreviirte Darstellung erscheint für den Vasenstil wenig angemessen, auch kommt Nike mit Acrostolium überhaupt nur einmal hier vor, so dass wir den Ursprung dieses Bildes anderswo suchen können: auf Münzen erscheint sic mit demselben sehr häufig vgl. Imhoof 42; seit Alexander d. Gr. 56, 60, 70, 74; auch mit dem Scepter, verbunden mit andern Attributen, Imhoof 34; seit Alexander 55, 90, 91. Dass Scepter und Acrostolium auf den Münzen nicht an derselben Nike verbunden erscheinen, würde nicht gegen die Herleitung unserer aus diesen sprechen; möglicherweise haben wir auch hier die Zeichnung nach einem plastischen Werk, die aufwärts stehenden Flügel könnten dafür sprechen.

55. stehend, in den Händen eine Schale und ein mit einer Binde umwundenes Scepter,

i) Benndorf, Bull. 1867, S. 234, XXV (Terranova), gegenüber steht Hebe ihr aus der Kanne Wein in die Schale giessend; nach Benndorf bedeutet das die Rückkehr oder das Weggehen der Nike vom Olymp, eine Annahme, zu der, wie mir scheint, uns nichts zwingt; durch das Scepter wird Nike als selbständige, herrschende Göttin charakterisirt, kann sich also ebenso wie die andern Gottheiten des Olymp von Hebe einschenken lassen, ohne dass dies durch eine besondere Handlung ihrerseits hervorgerufen zu sein braucht. Nike erscheint den übrigen Göttern so völlig gleichstehend nur hier, sehr abweichend von ihrem sonstigen Darstellungskreis auf den Vasen strengen Stils, die sie ja meist sei es Göttern oder Menschen dienend zeigen; wenn wir nun auch in der Kranz oder Binde bringenden Nike die selbständige Göttin erkennen wollten, so wäre davon doch ein weiter Sprung bis zu unserer, die sich im Olymp göttliche Ehre erweisen lässt; sogar der malerische Stil ist nicht so weit gegangen, denn wenn wir auch dort mit Wahrscheinlichkeit einige Bilder dahin deuten können, dass sie die Sponde empfängt, so geschieht ihr dies von Seiten des menschlichen Siegers, den Menschen gegenüber aber konnte sie leicht in das Verhältniss einer selbständigen Gottheit treten. Dies führt uns darauf, die Scepternike, die auf Vasen nur hier und oben unter 54 h erscheint, gar nicht aus der Vasenmalerei herzuleiten, in deren Entwicklung sie sich nicht einfügt, sondern wie mir wahrscheinlich ist, aus den Münzen, die schon aus den frühesten Zeiten der Verwendung der Nike als Münzbild her sie als s e l b s t ä n d i g e Göttin zeigen, — im eigentlichen Sinne dienend wie auf den Vasen kommt sie in dieser Monumentenklasse nicht vor —; daher finden wir sie auch hier, wie unter 54 angeführt, so häufig mit dem Scepter, ja schon zwei der ältesten Münzen, Didrachmen von Elis, Imhoof 35, zeigen sie so; nun erscheint, wie Imhoof nachweist, Nike vor Alexander dem Grossen nur auf Münzen von Elis und denen der westlichen hellenischen Kolonien, bei dem regen Verkehr aber zwischen Elis und Sicilien, Imhoof S. 22 f., dürfte es nicht unmöglich erscheinen, dass der Maler unserer Vase, die ungefähr aus gleicher Zeit wie die elischen Münzen stammt und in Gela gefunden worden ist, dieses oder ein ähnliches Münzbild für seine Vase verwandte, indem er es geschickt durch Hinzufügung der einschenkenden Hebe malerisch weiter entwickelte.

56. stehend, eine stilisirte Blume in der Hand,
k) **Magnoncour** 11 (Nola), auf der RS der Amphora ein Paidotribe, auf seinen Stab gelehnt, und ein bekleideter Ephebe; hinter dem ersteren eine Meta. Höchst wahrscheinlich Nike, denn mit einer stilisirten Blume in der Hand kommt sie manchmal auch in den spätern Stilarten vor; auf Münzen späterer Zeit erscheint sie einmal mit einer Blume, Imhoof 98.

57. stehend, in jeder Hand eine stilisirte Blume,
l) **Dubois-Maisonneuve**, Introd. 77, 4, wohl gleich Inghirami v. f. 101, beide Bilder zeigen die Inschrift καλος νικον.

58. stehend, in der Rechten eine stilisirte Blume, mit der Linken den Saum des Gewandes aufhebend, zur Seite blickend,
m) **Berlin** 805 = Él. céram. III 38 = Stephani CR 1865, S. 39, auf eine thronende Scepterfrau, die in der ausgestreckten Rechten eine Schale hält. In der ganzen Darstellung und in den Motiven der Nike sehr ähnlich E n und auch E k, nur dass sie dort statt der Arabeske eine Kanne in der Rechten hält.

Ich füge schliesslich hier die Darstellungen an, deren Flügelfrau ich den Namen Nike nicht beizulegen wage: C a m p a n a IV ff, 699, Kylix: innen die Tödtung des Minotaur durch Theseus, aussen soll an der VS die Ankunft des Theseus bei Minos dargestellt sein, während die RS eine bekränzte Flügelfrau zeigen soll, die an eine Säule gelehnt zu Theseus spricht, dabei stehe Peirithoos; wenn wir auch bei Imhoof 46 Nike finden, den linken Arm auf eine Säule und 82, auf einen Dreifuss stützend, so wissen wir über unsere Flügelfrau zu wenig, um ihr mit Sicherheit einen Namen geben zu können. — Brit. Mus. 887 (Hamilton) Nike eilt vorwärts, beide Hände ausstreckend, um einen vor ihr fliegenden Vogel zu fangen, Inschrift καλος νικον; daran schliesst sich an Él. céram. I 100 (Athen) Nike schwebend verfolgt einen Hasen, eine analoge Darstellung des malerischen Stils giebt ihr dabei noch einen Spiegel in die Hand, Brit. Mus. 1526 (Hamilton). Stephani CR 1862, S. 9—16 erkennt in den beiden letzten Darstellungen, wie auch Ermit. 2072 (Kertsch), Flügelfrau mit Schale in der Linken, mit der Rechten ein Reh streichelnd, eine Aura, die Repräsentantin der milden, den Saaten nöthigen Luft, im Hasen sieht er Auros. Eros finden wir häufig Hasen verfolgend und da erkennen wir die Bezüge leicht, der Nike aber in diesem Stil erotische Bezüge unterzulegen, ist wie wir sahen nicht möglich.

Wir sind jetzt sämmtliche Darstellungen des strengen Stils, wo sich Nike vorfand, durchgegangen und müssen nun in die Untersuchung der Frage eintreten, welche von den verschiedenen Modificationen des Nikebegriffes, die wir kennen gelernt haben, die älteste sei. Bevor wir aber das untersuchen, werden wir gut thun, den Darstellungskreis der Nike auf den Münzen, der seinen Bearbeiter schon gefunden, mit dem der Nike auf den Vasen zu vergleichen, ob sich daraus vielleicht etwas für die grössere oder geringere Autorität einer von beiden Monumentenklassen, noch ganz abgesehen von ihrem Alter, entnehmen lässt.

Die Münznummern 1—13 bei Imhoof beziehen sich auf den friedlichen Agon; nn. 30, 32—41, 45 lassen, da es lauter Einzeldarstellungen sind, eine bestimmte Deutung nicht zu, doch dürften sich die elischen Münzen nn. 32—37 wohl unzweifelhaft ebenfalls auf Wettkampf beziehen, bei den übrigen aber gehen wir am sichersten, wenn wir Kampf überhaupt sagen; n. 42 bezieht sich auf ernsten Kampf. Nike erscheint auf diesen Bildern immer mit Kranz, Binde oder Oelzweig, nur einmal, 42, mit einem mit Binden umwundenen Acrostolium; unser Paragraph A entspricht sowohl nach Darstellungen als nach Attributen diesen Münzbildern. Die Münznummern 14—29 nebst 31 zeigen sie den Stier mit Menschenhaupt, ein springendes Pferd, einen Pallaskopf u. s. w., die Sinnbilder einzelner Städte, bekränzend; wir dürfen diese mit unserm Paragraphen F vergleichen, wo Nike ähnlich zu Zeus und Athene zur Hervorhebung der Siegeseigenschaft dieser gefügt war. Nr. 44 bei Imhoof, eine allgemein gefasste Nikedarstellung, entspricht den bei uns unter H b c e f g angeführten. Zuletzt finden wir sie auf den Münzen noch mit dem Kerykeion, 46 und 47 oder dem Kerykeion nebst Kranz oder Binde, 12 und 43, also zugleich die Siegesbotschaft bezeichnend; auf den Vasen fanden wir das Kerykeion unter B, E und F, doch nie mit Kranz oder Binde vereinigt. — Damit ist der Kreis der Münzdarstellungen der Nike bis zur zweiten Hälfte des vierten Jahrhunderts erschöpft; von der proleptischen, der das Opfergeräth bringenden oder selbst opfernden, der Nike als Mundschenkin der Götter, sagen wir es kurz, der Siegesgöttin mit Kanne oder Schale, die uns auf den Vasen weit häufiger begegnete als die Kranznike, 45 : 29, finden wir auf den Münzen keine Spur. Dass der Grund hierfür nicht etwa darin gesucht werden darf, dass die Nike mit Kanne etwa einer späteren Entwicklung angehört, sehen wir aus den nachalexandrinischen Münzen, auf denen sie so, mit einer, späten Ausnahme, Imhoof 97, ebenfalls nicht erscheint; wir müssen ihn vielmehr in den Bedingungen der Stempelschneiderei selbst suchen, für die eben nur der präciseste Ausdruck eines Begriffes verwendbar ist: dieser aber liegt bei der Siegesgöttin offenbar in der Kranznike. Besonders die einer Gottheit einschenkende Nike, bei der, wie wir sahen, der Begriff der Dienerin das Uebergewicht hat, musste deshalb für die Münzen völlig ungeeignet erscheinen. Daraus erklärt es sich auch, dass der Stempelschneider, wenn er Nike als Botin des Sieges bezeichnen wollte, das Kerykeion, allerdings nicht ganz passend, der Kranznike hinzufügte, n. 12 und 43 (n. 46 und 47 sind als terinäisch auszuscheiden, s. Imhoof a. a. O. S. 18 ff.), im Gegensatz zu den Vasen, wo wir es naturgemäss nur der proleptischen und der Dienerin der Götter gegeben sehen. Wir finden also auf den Münzen einen durch Bedingungen dieser Denkmälerklasse eng begrenzten Darstellungskreis der Siegesgöttin, auf den Vasen hingegen einen ausgebreiteten; demnach werden wir, wenn wir die Frage nach dem höheren Alter einer von diesen Denkmälerklassen noch nicht in Betracht ziehen, eher durch die Vasen zur Lösung der Frage nach der ältesten Nike gelangen zu dürfen erwarten.

Imhoof findet nun auf den ältesten Münzdarstellungen nicht die Nike des ernsten Kampfes, sondern nur die agonistische, den Sieg im friedlichen Kampfe bezeichnende vertreten, er muss diese demnach für die älteste halten; doch scheint er mir dies Resultat, das nur für die Münzen Gültigkeit haben kann, wie er selbst es S. 7 hervorhebt, S. 24 f. auf alle Denkmälerklassen überhaupt zu beziehen, indem er ungeachtet des beschränkten Darstellungskreises der Münzen, wie er uns entgegentrat, meint, danach könne mit grösserer Bestimmtheit als bisher geschlossen werden, dass Nike ihren Ursprung der Agonistik, ihren sichtbaren Ausdruck aber der bildenden Kunst zu verdanken habe. Wie verhalten sich dazu die Vasen? Nach dem von Imhoof gegebenen Anstoss richtete ich mein Augenmerk besonders auf die Kranzniken, fand aber hier im strengen Stil sowohl die agonistische wie die Nike des ernsten Kampfes vertreten, wenn auch die erstere häufiger; bei der Vergleichung des Stils beider liess sich keine für älter als die andere erweisen, ja wie mir schien, liess sich sogar keine dieser beiden Arten der Kampfnike in die früheste Zeit des strengen Stils rücken, sie schienen mir ihren Anfang erst zu der Zeit zu nehmen, wo die Gebundenheit sich schon etwas löste, der strenge Stil auch in der Art seiner Darstellungen gegenüber dem alten Stil selbständig wurde. Daraus schien mir hervorzugehen, dass sich aus den Vasen nichts für diese Frage entnehmen lasse, es vielmehr bei Imhoofs Feststellung der agonistischen Nike als der ältesten bleiben müsse, woraus man denn auch auf den Vasen das häufigere Vorkommen dieser gegenüber der auf ernsten Kampf bezüglichen hätte erklären können, doch dies nur auf Grund der Münzen, denn von diesen abgesehen wäre auf den Vasen die grössere Zahl von agonistischen Niken noch kein Beweis für das höhere Alter derselben. Im weiteren Verlauf der Arbeit fanden sich aber, anfänglich höchst überraschend, die stilistisch frühesten Nike-Darstellungen, in der alten Gebundenheit und dem strengsten Archaismus, dort, wo von keiner Kampfnike die Rede sein konnte: in der Götterversammlung oder bei einzelnen Göttern und zwar Nike als Mundschenkin dienend, vgl. E a i m p q und F g, also in Bildern, die auch nach der Art ihrer Darstellung sich dem alten Stil nähern. Nike war also ursprünglich Dienerin der Götter, gehört zum Olymp, kann also nicht erfunden sein, um den agonistischen Sieg zu verbildlichen! Wie geht das an? Wir fanden allerdings, dass den Vasen eine grössere Autorität zukomme als den Münzen, weil ihr Darstellungskreis nicht irgend wie eingeengt ist, doch kann dies nur für den Fall gelten, wenn die Vasenbilder nicht jünger als die ältesten Münzbilder der Nike sind. Wie verhält sich nun das Alter beider Denkmälerklassen zu einander?

Imhoof lässt S. 13 die ältesten Münzen, sicilische und grossgriechische, auf denen sich Nikedarstellungen finden, bis in's sechste

Jahrhundert hinaufreichen; S. 21 ff. findet er, dass bis zur Mitte des vierten Jahrhunderts v. Chr. Nike nur auf den Münzen der westlichen hellenischen Kolonien erscheint, in Griechenland selbst aber nur auf denen von Elis; er vermuthet also, dass der Ursprung der Nikedarstellungen auf Münzen auf Olympia in Elis zurückzuführen sei, und weil Sicilier von den ältesten Zeiten an Theilnehmer an den Festspielen in Olympia waren, daraus die Siegesgespanne auf den sicilischen Münzen zu erklären seien, zu denen noch vor Gelo die fliegende Nike gefügt worden sei. „Den Anstoss zu dieser Neuerung kann nur das den ältesten Münzen von Elis eigene archaische Nikebild gegeben haben. Es ist dieses, wie bereits angedeutet, die einzige vor Mitte des vierten Jahrhunderts im eigentlichen Griechenland vorkommende Nikegestalt und zudem die älteste aller bekannten Münzdarstellungen des Sieges überhaupt; denn die frühesten elischen Drachmen und Didrachmen, wie n. 32 u. 33 scheinen in der That etwas älter zu sein, als die unter n. 1—6 aufgezählten sicilischen Tetradrachmen." S. 24 hält Imhoof diese Annahme von der elischen Nike als der ältesten für eine seiner Ueberzeugung nach gegen jeden begründeten Zweifel gesicherte. Dazu stimmt nun gar nicht, dass er selbst S. 15 bei Aufzählung der Münzen die elischen in die erste oder zweite Hälfte des fünften Jahrhunderts gesetzt hat, also in eine spätere Zeit als die sicilischen Tetradrachmen 1—6, die er ins sechste Jahrhundert hinaufreichen lässt. Scheint demnach Imhoof selbst die Datirung seiner Münzen so wenig feststehend, dass er sie einer Hypothese zu lieb umstösst, so darf es uns wohl nicht verargt werden, wenn wir uns eher als an seine Datirung an das sichere Datum einer seiner ältesten Münzen, n. 6, halten, und dies ist 480 v. Chr., n. 1—5 sollen nur etwas älter als diese sein. — Bei den Vasen sind wir ungleich schlimmer daran, was Altersbestimmung durch eine Jahreszahl betrifft, doch haben wir gerade für die uns beschäftigenden rothfigurigen Vasen strengen Stils über eine solche zu verfügen, die, wenn sie uns auch ihrer Art nach nicht den Anfangspunkt der Fabrikation dieser Vasen festsetzen kann, für unsern Zweck dennoch Bedeutung hat: nach L. Ross, Archaeol. Aufs. 1, S. 139 ff., nämlich wurden bei den Ausgrabungen an der Südseite des Parthenon in den Jahren 1835 und 1836 im Kehricht der von den Persern zerstörten Heiligthümer und Gebäude auf der Akropolis rothfigurige Vasen strengen Stils gefunden. Solche sind also schon 480 v. Chr. gemalt worden, wie lange vorher aber schon, lässt sich bis jetzt noch nicht feststellen.

Wie es den Anschein hat, kommen wir also auch für die Vasen

nicht über dieses Jahr hinaus, und doch müssen sie älter sein und demnach grössere Autorität haben als die Münzen, weil eben die Nike mit Kanne, die Dienerin, Mundschenkin der Götter, auf ihnen früher auftritt als die Siegesgöttin mit Kranz oder Binde, was doch unerklärlich wäre, wenn Nike erfunden sein sollte, um den Sieg im friedlichen Kampfe zu verbildlichen, also die Kranznike die ursprüngliche wäre. Allerdings erweisen sich nun auch unsere Vasen nicht allein wegen der Unbeschränktheit ihres Darstellungskreises als ergiebigere Quelle für die Entwicklung der Nike, sondern wir müssen auch unsere ältesten Vasen für älter als die betreffenden Münzen halten, das scheint mir aus der Vergleichung des Stils dieser sowohl mit dem der ältesten Nikemünzen als mit dem der Parthenonvasen sich zu ergeben: hierbei müssen wir allerdings wegen der Kleinheit gerade dieser ältesten Nikedarstellungen auf den Münzen, wozu noch der Mangel an genügend scharfen Exemplaren kommt, auf Feststellung der feineren Unterscheidungsmerkmale verzichten, — gerade Imhoofs älteste Münze kenne ich nur aus der schlechten Publication bei Mionnet —, können aber doch soviel unterscheiden, dass ein grosser Theil der Vasenniken, besonders aber unsere ältesten, eine alterthümlichere Zeichnung darbietet als die Münzen; ganz besonders mache ich auf die Gewandbehandlung aufmerksam, wo wir auf den Münzen durchgehend geschwungene Linien finden, welche vor allem am Umrisse des Gewandes, nach dem wir der Stumpfheit der Exemplare wegen allein mit Sicherheit schliessen können, hervortreten, — die elischen Münzen zeigen dies noch mehr als die sicilischen —, was uns auf den Vasen des strengen Stils nicht begegnet, denn hier finden wir immer gerade verlaufende Falten, nie flattert hier das Gewand der eilenden oder schwebenden Nike, sondern es erscheint in dem Falle nur ausgebreitet, fächerartig, wobei die parallelen Falten festgehalten erscheinen; überhaupt machen die Münzniken, vielleicht mit Ausnahme von n. 1, schon weniger n. 32, den Eindruck eines freieren Stils, es fehlt ihnen meist die Gebundenheit, wie wir sie auf den Vasen finden. Können wir daraus schon auf das höhere Alter der Vasen schliessen, so bringt uns die Vergleichung der Vasenscherben vom Parthenon, publicirt bei L. Ross a. a. O. Taf. 9 u. 10, einen neuen Beweis: legen wir neben diese irgend eines unserer ältesten Nikebilder, so möchten wir glauben, wenn in den letzteren die Anfänge des strengen Stils der rf Vasen repräsentirt werden, dass wir in denen auf Taf. 9 den Uebergang zum freien Stil sehen müssen, so frei ist z. B. der Kauz gemalt: keine Spur von Gebundenheit, nichts von parallelen Linien; auch der Mittelstreifen des Blattornaments oben auf der Tafel zeigt in dem leise geschwungenen Stengel der Ranke und den Umrissen der Blätter wenig archaische Strenge. Es scheint mir daraus gefolgert werden zu dürfen, dass unsere ältesten Vasenbilder früher gemalt sind als diese schon vor 480 v. Chr. gemalten Scherben; nun reichen die Münzen nur etwas über 480 hinauf, unsere Nikebilder sind also auch älter als diese, was uns gleichfalls aus der Vergleichung des Stils der beiderseitigen ältesten Exemplare hervorzugehen schien.

Wir haben also die zum Hofstaat des Olymp gehörende Nike nicht allein für die älteste Darstellung dieser Göttin auf den Vasen sondern auch für älter als die frühesten Münzniken anzusehen; dass aber bei dieser nicht der Begriff einer Siegesgöttin, sondern der einer Dienerin, Mundschenkin der Götter in erster Reihe steht, haben wir unter E gesehen, welcher Paragraph zu vergleichen ist. Da Nike nun in dieser Funktion mit Kanne oder Schale erscheint, so lag es dem Künstler, als er sie mit Menschen in Verbindung brachte, selbstverständlich am nächsten, sie mit demselben Geräth und der gleichen Funktion zu diesen in Beziehung zu setzen, nur dass sie hier, weil in menschlicher Sphäre, als Siegesgöttin erscheint, abgesandt vom Olymp, um dem Sterblichen als Gewähr zukünftigen Sieges beim Bittopfer zu assistiren oder ihm als Zeichen des errungenen das Geräth zum Trankopfer zu bringen; daraus erklärt sich auch die überwiegende Anzahl von Niken mit Kanne oder Schale im strengen Stil gegenüber denen mit Kranz oder Binde; in diesen letzteren liegt vielleicht schon eine Häufung, denn Kranz oder Binde sind an sich schon Siegeszeichen. — Ob nun ernster oder friedlicher Kampf die Veranlassung gab, Nike auf die Erde herabzubringen, diese Frage hat jetzt, nachdem wir in der Mundschenkin ihren Ursprung gefunden, eigentlich weniger Bedeutung, lässt sich auch, wie oben bemerkt wurde, durch die Vasen nicht lösen, — ich will auf B c, das für ernsten Kampf sprechen würde, kein Gewicht legen, da es auf einer Publication des Mus. Gregor. beruht —, jedenfalls müssen wir die grössere Anzahl agonistischer Bilder mit Nike nicht zu Gunsten dieser Modification der Göttin verwenden: der eigentliche Grund für ihr häufiges Vorkommen auf diesen dürfte wohl richtiger darin gesucht werden, dass der Künstler bei Darstellungen der Art freier verfahren konnte als bei denjenigen eines ernsten Kampfes, wo sich, weil es eben mythischer Kampf ist, feste Typen schon ausgebildet hatten und meist durch die Gegenwart einer Gottheit neben dem kämpfenden Helden diesem der Sieg schon verbürgt war; ist bei solch einem Kampf Nike zugegen, so fehlt die Gottheit, vgl. A l—n; A v bildet eine Ausnahme, doch steht dies Bild am Ende des strengen Stils. Dass es aber an sich wahrscheinlicher wäre, wenn ernster Kampf die Veranlassung dazu gegeben hat, dürfte wohl ausser Frage stehen, vgl. E. Petersen, Pheidias, S. 37 f., darauf scheint auch alles, was wir von Niken als Weihgeschenken bei Pausanias und anderswo lesen, hinzudeuten; auf die genauere Untersuchung dieser Nike in der Plastik einzugehen, muss ich mir jedoch jetzt versagen.

Keinen Einwand gegen unser Resultat, dass wir in der Mundschenkin der Götter die ursprüngliche Nike zu sehen haben, machen uns die schwarzfigurigen Vasen; wo hier Nike unzweifelhaft (geflügelt) erscheint, da ist sie die Kampfnike mit Kranz oder Binde; nun hat auf meine Bitte mein hochverehrter Lehrer Prof. Brunn, lange bevor ich die älteste Nike gefunden hatte, sich der Mühe unterzogen, die Münchener sf Vasen nebst den publicirten desselben Stils mit Niken auf ihren Stil hin zu untersuchen und gefunden, dass sie sämmtlich dem archaistischen Stil angehören; für die Vasen der übrigen Sammlungen ergab sich das gleiche aus den Katalogen, wo sie schon diese Bezeichnung trugen; andere Gründe sachlicher Art, die nicht weniger zwingend als Brunns stilistische diese Vasen dem archaistischen Stil zuweisen, werden wir später bei der Behandlung dieser kennen lernen.

Dieser Entwicklung der Nike aus einer Dienerin der Götter zur Siegesgöttin analoges finden wir bei den Horen: auch diese sind ursprünglich Dienerinnen, Thürhüterinnen des Olymp und gehören zur begleitenden Umgebung der Götter, später aber werden sie selbständige Göttinnen, die als solche Verehrung geniessen, vgl. Preller, griech. Myth.. I², S. 374 ff.

Mit der Feststellung der Mundschenkin Nike als der ältesten fällt von selbst die Annahme, „dass Nike nur geschaffen ward um die Thatsache des erlangten vollendeten Sieges verständlich auszudrücken", also der Phantasie des Künstlers ihren Ursprung verdanke, eine erfundene Gestalt sei; wir müssen sie nun vielmehr als im Mythos gegeben anerkennen, womit auch unsere älteste Quelle Hes. theog. 383 ff. übereinstimmt. Hierbei lässt sich vielleicht auch auf den Zusammenhang zwischen ihrer Funktion als Mundschenkin und dem, dass sie eine Tochter der Styx ist, hinweisen.

Jetzt dürfen wir auch die Frage nach dem Princip ihrer

Beflügelung zu beantworten versuchen. Wie wir uns erinnern, hatte Gerhard dieses im Flug des Wettkampfes, Kekulé im raschen und wunderbaren Nahen des Sieges gesehen, Imhoof konnte es nach den Münzen nur als charakteristisches Merkmal des Sieges auffassen. Alles dies ist aber so allegorisch gedacht, dass wir es im strengen Stil am allerwenigsten zu finden erwarten dürfen; wie mir scheint, würde dergleichen überhaupt dem Geiste der griechischen Kunst widersprechen. Nike ist ursprünglich Dienerin der Götter, als solche konnte sie auch als Botin dieser verwendet werden und das Kerykeion erhalten, wie wir beides, Dienerin und Botin, unter E an ihr vereinigt fanden, ebenso unter B; nun sind Hermes und Iris ebenfalls mit Flügeln versehen, doch aus keinem andern Grunde, als weil sie Boten sind; sollte derselbe Grund nicht auch für Nike, die ebenso wie diese vom Olymp herabgesandt wird, massgebend sein dürfen? Hebe erscheint ungeflügelt und ohne Kerykeion, sie ist eben nur Dienerin, nicht auch Botin. Leider wissen wir über die Nike des Archermos nichts näheres, können also nicht sagen, ob sie sich zu unserer Auffassung bestätigend verhielt; ebenso steht es mit der des Aglaophon, der zudem wohl später ist als unsere ältesten Vasen, die wir vielleicht nicht anstehen werden, nach Vergleichung ihres Stiles mit dem der frühesten Nikemünzen in's 6. Jahrhundert zu rücken.

Wir hatten im Anfange unserer Abhandlung, S. 7, die Frage noch offen gelassen, ob Nike nicht einst ungeflügelt dargestellt worden sei, worauf literarische Ueberlieferung und Münzen uns hinzuweisen schienen, weil uns die Feststellung ihres Darstellungskreises und ihrer künstlerischen Motive erst die Mittel bieten sollte, mit Erfolg nach einer solchen suchen zu können. Selbstverständlich dürfen wir zu Gunsten einer ungeflügelten Nike nicht die vielen Beispiele anführen, wo eine Frau Binde oder Kranz reicht oder aber den Abschiedstrunk einschenkt, hier sprechen beigeschriebene Namen und häufige bestimmte Individualisirung derselben vielmehr für die menschliche Sphäre; wir dürfen nur solche Darstellungen als Nike ansprechen, wo uns jede Möglichkeit einer anderweitigen Benennung abgeschnitten ist, und da glaube ich zwei sichere Bilder anführen zu können, deren eines zudem genau ein Motiv der geflügelten Nike zeigt:

39. stehend, im Begriff aus der Kanne in ihrer Rechten einzuschenken,

    a) Brit. Mus. 722 = Él. céram. I 21, in die Schale des auf der andern Seite eines brennenden Altars stehenden Zeus.

An eine Sterbliche ist hier des Gottes wegen nicht zu denken, Hebe hätte neben einem Altare keinen Sinn; es ist Nike, die an Stelle des Siegers das Trankopfer darbringt, vgl. das fast völlig entsprechende Bild unter D a. Damit lässt sich vielleicht die RS der Amphora, wo Eos den Tithonos verfolgt, in Verbindung setzen.

59. schwebend, in der einen Hand ein Thymiaterion (nach der Beschreibung bei Levezow scheint es mir dieses Geräth zu sein, bei Gerhard: Kandelaber),

b) Berlin 817 (Nola). Das Schweben spricht deutlich für Nike, ebenso fanden wir sie unter C, wohin unser Bild seinem Sinne nach gehört, mot. 21, ein Thymiaterion bringen, dort trug sie ausserdem noch eine Schale.

Nicht unzweifelhaft erscheint mir aber das folgende Bild:

23. stehend, in der Rechten die Kanne, mit der Linken den Saum des Gewandes aufhebend,

Brit. Mus. 883 (Nola), vor ihr steht auf einem Altar ein Thymiaterion; auf der RS der Amphora steht ein junger Krieger, der eine Schale ausgestreckt hält, offenbar damit ihm die Frau einschenken soll, doch wendet er den Kopf von der Frau ab (Abschiedsdarstellung?). Wenn wir hier auch ein bei Nike gefundenes Motiv haben, so schliesst das den Gedanken an eine Sterbliche noch nicht aus.

Das Bild, Mus. Gregor. II, 22, 2, dessen Nike wir unter A s aufführten, ist wegen der schwebenden Frau hinter dem Kitharspieler nicht hierher zu ziehen, denn erstlich hält die Flügelnike nie die Binde über ihrem Kopf in die Höhe und dann ist das Schweben bei ihr doch anders dargestellt, es liegt vielleicht nur an der Unzuverlässigkeit der Publication, wenn die Frau nicht auf dem Boden steht; zudem haben wir schon eine Nike auf diesem Bilde. Eine ganz ähnliche Darstellung scheint im Bull. 1872, S. 86, 50 besprochen zu sein, ebenfalls mit der scheinbar schwebenden Frau.

Es lässt sich also auf den Vasen mit genügender Sicherheit, wie mir scheint, Nike ungeflügelt nachweisen. Nun findet sich das im strengen Stil, wo sie zuerst geflügelt auftritt, wir werden also Künstlerlaune darin nicht sehen dürfen; auch auf den Münzen begegneten uns Beispiele der Flügellosigkeit nur unter den ältesten; daraus werden wir wohl, — auch die Literatur wies uns darauf hin —, auf das ursprüngliche Unbeflügeltsein der Nike schliessen können. Den Beweis dafür müssen wir auf den schwarzfigurigen Vasen zu finden erwarten, wo, wie wir sehen werden, die Flügelniken schon nach der Art ihrer Darstellungen zum nachgeahmten Stil gehören müssen; gemäss dem Ergebniss unserer Untersuchung können wir aber hier die ungeflügelte Nike nur unter den in den Göttervereinen einschenkenden Göttinnen suchen. Eine andere Frage aber ist es, ob wir sie unter diesen meist gleichgekleideten und attributlosen Göttinnen zu erkennen vermögen, ihr fehlt ja das, wodurch sie sich von Hebe und andern weiblichen Gottheiten unterscheidet: die **Beflügelung**, durch welches Charakteristicum sie eben Archermos, wie wir vermuthen dürfen, erst individualisirte. Jedenfalls liesse sich die Untersuchung nicht eher in der Richtung weiter führen, als bis alle betreffenden schwarzfigurigen Vasen auf ihren Stil hin geprüft sind, welche Arbeit ich mir für eine spätere Zeit aufsparen muss.

Fassen wir unsere Resultate kurz zusammen: Nike, im Mythos begründet, ursprünglich wohl unbeflügelt, dann geflügelt, dient den Göttern im Olymp unterschiedslos als Mundschenkin und Botin, wesshalb ihr wie Hermes und Iris das Kerykeion gegeben erscheint; vor allen andern Göttern finden wir sie aber der Athene als Dienerin und Begleiterin zugetheilt. Die Himmlischen senden sie auf die Erde, damit sie entweder dem Sterblichen beim Bittopfer assistire, ihm den Wein einschenkend, oder ihm das Geräth, womit der Sieg errungen werden soll, überbringe; nur wo sie proleptisch den Menschen gegenübertritt, hat sie das Kerykeion: ganz natürlich, denn wo sie sonst den Menschen naht, da haben diese den Sieg theils schon erfochten, sie kann also nicht mehr die Ankündigung des Sieges überbringen, sondern nur noch den Siegespreis oder das Geräth zum Dankopfer, theils wird der Sieg eben errungen, wo es eben näher lag, sie den Preis, Kranz oder Binde, überbringen zu lassen. Die reichste Ausbildung haben die Opferniken gefunden, weil die Opfer wegen ihrer Verschiedenheit und weil sie in eine Reihe von Handlungen zerfallen, Gelegenheit zur vielfältigsten Variation der Motive unserer Siegesgöttin boten; hier trat uns auch Nike entgegen an Stelle des Siegers das Opfer darbringend. Wo sie mit Frauen verbunden wurde, mussten wir einmal das glückliche Vollenden einer Arbeit durch sie bezeichnet sehen, nie liess sich auf Liebesbezüge schliessen; es ist eben die Nike des strengen Stils eine ernste.

Bevor ich im folgenden Abschnitte die Entwicklung der Nike weiter verfolge, muss ich noch mit einigen Worten zwei kleine Ergebnisse aus den bisher besprochenen Vasen berühren: Imhoof hat aus den Münzen festgestellt, dass Nike nie als kämpfende Kriegsgöttin erscheine, sondern dass alle derartigen Münzbilder auf Athene zu deuten seien; das wird für Nike wenigstens durch die Vasen vollständig bestätigt, nie finden wir sie hier kämpfend dargestellt, indirect liegt darin auch eine Bestätigung für Imhoof's geflügelte Athene, für welche die Vasen kein Beispiel bieten. — Das andere Ergebniss betrifft die räumliche Ausbreitung der Nike. Imhoof hatte auf den Münzen sie vor Alexander d. Gr. nur in Elis und den westlichen hellenischen Kolonien gefunden; auf den Vasen bemerken wir diese Einschränkung nicht: die Kranznike erscheint z. B. in Athen, Nola, Capua, Neapel, Altamura und Vulci, die proleptische fast nur in Vulci, die ältesten Darstellungen der Mundschenkin der Götter in Vulci und Unteritalien, ebenso die Nike mit Opfergeräth in Sicilien, Unter- und besonders Oberitalien, Athen. Wir sehen sie also gleichmässig an allen Vasenfundorten auftreten; unser heutiges Wissen aber über die Abhängigkeit der einzelnen Fundorte von einander ist zu gering, als dass wir etwa Athen als Ausgangspunkt der Göttin auf den Vasen mit Sicherheit hinstellen dürften.